엄마가 만들고
딸이 그린
한식 레시피

엄마가 만들고 딸이 그린 한식 레시피

초판 1쇄 발행 2021년 12월 15일

글과 요리	윤옥희
그림	채진주

펴낸이	임상백
편집	함민지
디자인	이혜희 정든해
제작	이호철
독자감동	이명천 장재혁 김태운
경영지원	남재연

ISBN 978-89-7094-762-4 13590

* 이 책 내용의 전부 또는 일부를 재사용하려면 반드시 저작권자와 한림출판사 양측의 동의를 받아야 합니다.
* 이 책에 담긴 내용(글·그림)은 모두 저작권이 있으며, 무단 전재와 무단 복제를 할 수 없습니다.
* 값은 뒤표지에 있습니다.

펴낸곳 한림출판사 | **주소** (03190) 서울특별시 종로구 종로12길 15
등록 1963년 1월 18일 제300-1963-1호 | **전화** 02-735-7551~4 | **전송** 02-730-5149
전자우편 hollym@hollym.co.kr | **홈페이지** www.hollym.co.kr

엄마가 만들고
딸이 그린
한식 레시피

글과 요리 **윤옥희** 그림 **채진주**

한림출판사

# 머 리 말

여러분은 누군가와 친해지고 싶을 때 어떻게 하시나요? 한국에서는 '같이 밥 한번 먹자!'라고 말하곤 합니다. 밥을 같이 먹는다는 것은 시간과 마음까지 함께 나눈다는 것을 의미하니까요.

요리 아카데미와 국가 기관의 한식 홍보관에서 20여 년간 외국인 대상의 한식 요리 체험을 실시하며 국적, 문화, 언어가 달라도 음식을 통해서라면 더 쉽게 서로를 이해하고 소통할 수 있다는 것을 배웠습니다. 그리고 여기에 '그림'을 더하면 음식의 맛과 의미를 더욱 재미있고 효과적으로 전달할 수 있다는 것 또한 알게 되었습니다.

이 책에는 요리 전문가로서 40년 이상 쌓아 온 다양한 경험과 누군가에게 '밥 한번 먹자'고 말하는 따뜻한 마음이 담겨 있습니다. 아울러 이 책의 일러스트레이터 작가이기도 한 딸과 요리사를 꿈꾸는 손자, 떡이 좋아 어른이 되면 떡 카페를 차리고 싶다는 귀여운 손녀에게 전통 한식을 알려 주고자 하는 엄마이자 할머니의 마음도 더했습니다.

『엄마가 만들고 딸이 그린 한식 레시피』는 외국인들이 선호하는 한국 음식을 위주로 소개한 영문판을 보신 분들의 요청에 힘입어 발간하게 되었습니다. 전통 한국 음식의 조리법을 그림을 통해 자세하게 설명하여 음식 조리에 익숙한 분들은 물론 처음 접하는 분들도 쉽게 따라 할 수 있도록 하였습니다. 이 책을 통해 건강한 한국 음식의 진짜 맛과 멋을 즐기고 한국 고유의 정겨운 문화까지 함께 경험하길 바랍니다.

마지막으로, 한식 체험 교육과 운영에 참여하고 도움을 주신 여러 선생님들과 책이 출간되기까지 여러모로 힘써 주신 한림출판사 여러분들께도 감사의 말씀을 전합니다.

저자 윤 옥 희

저자 소개

글과 요리

엄마 **윤옥희**(한식 요리 연구가)
조리기능장이자 이학박사

식품영양학과 가정학을 전공하고 대학에서 강의를 했습니다. 그 후 일본에서 4년간 생활하며 세계 각국의 요리는 물론 한국 요리에 대한 관심도 깊어졌습니다.

귀국 후에는 전통 양반가 음식의 대가인 강인희 교수로부터 본격적으로 우리 음식을 배우기 시작했고, 『동의보감』을 탐구하고 약식동원을 이해하며 한국 음식의 매력에 깊이 빠지게 되었습니다. 그리고 20여 년의 요리 학원 운영과 대학 강의, 한식 패밀리 레스토랑 '산내들내' 운영, 한국요리와 문화연구소 설립 및 운영, 청와대 사랑채 한식 체험관 운영 등 활동의 범위를 점차 넓혀 왔습니다.

이제 이 책을 통해 딸과 한식에 관심을 가진 모두에게 제대로 된 한식의 맛과 가치를 전하고자 합니다.

한국요리와 문화연구소 블로그
blog.naver.com/yok1425

인스타그램
한국요리와 문화연구소(@koreafoodandculture_institute)

이 책에 나오는 가족

남편
아내가 만들어 준 음식이라면 무엇이든 맛있게 먹습니다.

손자
맛있는 음식을 좋아하는 미식가이자 미래의 요리사입니다.

손녀
떡을 제일 좋아하며 떡 카페의 주인을 꿈꿉니다.

그림

딸 채진주 (일러스트레이터 & 인형작가)

대학에서 시각디자인을 전공한 일러스트레이터이자 인형작가

어릴 적부터 그림 그리기와 만들기, 그리고 엄마가 해 주시는 다채로운 요리들에 관심이 많았습니다. 물론 그 관심이 왕성한 식욕을 따라가지는 못했지만요. 하지만 두 아이의 엄마가 된 후부터는 건강하고 맛있는 매일의 요리에 더욱 깊은 관심을 가지게 되었습니다.

    이제 이 책을 통해 어머니께 제대로 된 한식의 맛과 가치를 배워 보고자 합니다.

인스타그램
보들 핸드메이드 조이(@bodlebodle)

사위

요리하는 것을 좋아합니다.
특히 떡볶이를 잘 만듭니다.

인스타그램에서 @korean_mothers_easy_recipes를 검색하시면 책에 나온 요리 사진과 맛있게 먹는 법 등을 볼 수 있습니다.

차례

머리말 • 5
저자 소개 • 6

한국 음식의 특징 • 10
한국 음식의 재료 • 13
한국 음식의 양념 • 14
한국 음식의 고명 • 18
한국 음식의 기본 조리법 • 19

음식 재료 계량법 • 23

1장

주식
밥 • 26
오곡밥 • 30
비빔밥 • 34
김밥 • 38
호박죽·잣죽 • 42
국수장국 • 46
물냉면 • 50
만둣국 • 54

2장

부식 - 국
소고기뭇국 • 60
미역국 • 64
시금치된장국 • 68

부식 - 반찬
김치찌개 • 74
순두부찌개 • 78
너비아니 • 82
두부구이 • 86
갈비찜 • 90

매운닭찜 • 94
고등어조림 • 98
김치전 • 102
모둠전 • 106
빈대떡 • 110
해물파전 • 114
떡볶이 • 118
제육볶음 • 122
뚝배기불고기 • 126
오이김치 • 130
배추김치 • 134
깍두기 • 138
나박김치 • 142
삼색나물 • 146

3장

특별식

신선로 • 152
구절판 • 158
잡채 • 164
궁중떡볶이 • 168
삼계탕 • 172
보쌈 • 176

4장

후식 & 음료

백설기 • 182
화전 • 186
오미자화채 • 190
수정과 • 194

찾아보기 • 198

한국 음식의 특징

다양한 식재료를 사용합니다.
식물성 식품과 동물성 식품을 각각 8:2 정도의 비율로 먹습니다.

다양한 발효 식품을 사용합니다.
한식은 간장, 된장, 고추장, 젓갈류와 같은 발효 식품을 많이 사용하며, 간을 할 때는 간장을 기본으로 사용합니다. 또한 김치, 장아찌 같은 발효 음식 반찬도 다양하게 즐깁니다.

시절 음식을 즐깁니다.
'시절 음식'이란 한국의 전통 생활양식과 자연환경 변화에 의해 형성된 음식 문화를 말합니다. 즉, 각 계절의 제철 식재료를 이용하여 만든 영양이 풍부한 음식과 각 절기에 따라 전해 내려온 전통 명절 음식이 한데 어우러져 한국 고유의 식생활 문화인 시절 음식이 만들어진 것입니다.

한국 음식의 상차림은 반상차림입니다.

'반상차림'이란 밥을 주식으로 국과 반찬을 조화롭게 한 상에 차리는 것을 말합니다. 이때 밥과 함께 먹는 반찬은 채소, 고기, 생선, 해초 등을 이용해 계절에 따라 다양하게 만들었는데 맛과 영양이 균형을 이루고, 색채 또한 풍부합니다.

반찬은 밥, 국, 찌개, 김치, 장을 제외한 나머지의 가짓수에 따라 3첩, 5첩, 7첩, 9첩 반상으로 구분되며, 12첩 반상은 궁에서만 차렸습니다.

과거의 상차림은 한 사람 앞에 상 하나를 놓는 독상이 기본이었으나 현대에 이르러서는 밥과 국은 각자의 것을 먹되 반찬은 가운데 두고 같이 나누어 먹는 방식으로 바뀌었습니다. 특별한 날에는 다양한 반찬을 만들고, 일상적으로는 밥, 국이나 찌개, 김치를 기본으로 하여 두세 가지 정도의 반찬을 차립니다.

3첩 반상의 예
첩 수에 들어가는 음식: 나물, 생선조림, 김구이

현대 상차림의 예

7첩 반상의 예
첩 수에 들어가는 음식: 무생채, 삼색나물, 북어구이, 소고기장조림, 전, 꽈리고추멸치볶음, 오이숙장아찌

한국 음식은 음양오행설을 바탕으로 한 약식동원 음식입니다.

한국을 포함한 동양에는 '음양오행설'이라는 독특한 철학이 있습니다. 이것은 '우주 만물이 상반된 두 가지 성질인 음과 양의 기운과 물(水), 나무(木), 불(火), 흙(土), 쇠(金)의 다섯 가지 원소로 이루어져 있다'는 사상을 바탕으로 세상을 바라보는 이치입니다.

즉, 예부터 한국인들은 인간의 신체도 하나의 작은 우주처럼 음양오행을 바탕으로 조화롭게 구성되어 있으며, 음식 또한 그것을 바탕으로 섭취해야 건강이 유지되고 질병을 예방, 치료할 수 있다고 생각해 왔습니다. 그래서 양념을 통해 성질과 맛을 조절하고, 다양한 재료를 이용한 오방색의 고명을 음식 위에 얹는 등 음식 한 그릇도 영양학적 균형을 고려하여 만들었습니다. 이렇듯 한국의 전통음식은 '음식으로 병을 예방하고 치료하니 음식과 약의 근본이 같다'고 생각하는 '약식동원' 음식이라 할 수 있습니다.

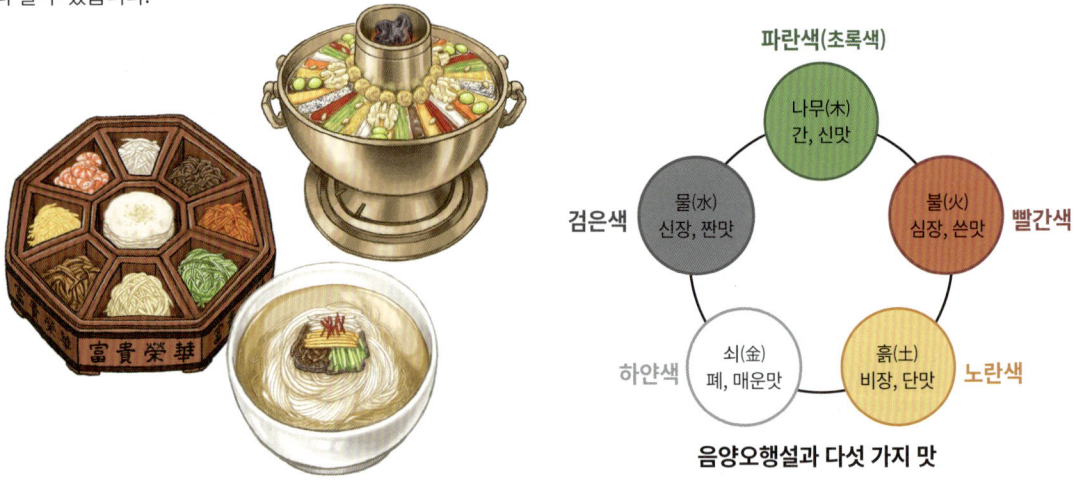

음양오행설과 다섯 가지 맛

동의보감

조선 중기의 의관 허준(1539~1615)은 선조 임금의 명을 받아 중국과 조선의 여러 의서들을 연구한 후 1610년에 『동의보감』을 편찬했습니다.

『동의보감』은 질병보다 인체의 구성과 생리를 중심으로 기술되었고, 값비싼 약재뿐 아니라 우리의 산천 어디서나 쉽게 구할 수 있는 식재료와 약재들을 다수 소개하는 것이 큰 특징입니다. 또한 약재 이름에 일반 백성들이 사용하는 한글 이름을 함께 기재해 놓아 누구라도 쉽게 약재를 찾을 수 있도록 했습니다. 『동의보감』은 병든 후에 몸을 고치려 하기보다 병이 나기 전에 음식을 조절하고 섭생을 잘 하여 몸을 보호하고 병을 예방해야 한다는 예방 의학의 관점을 강조하였는데 당시 중국과 일본에까지 널리 퍼져 현지에서 간행되었을 정도로 그 가치를 인정받았습니다.

『동의보감』에는 음양오행설을 바탕으로 한 다수의 식재료 및 약재의 사용법이 기록되어 있기 때문에 현대의 한의사들은 물론 한국 전통음식을 만드는 이들 또한 널리 인용, 활용하고 있습니다.

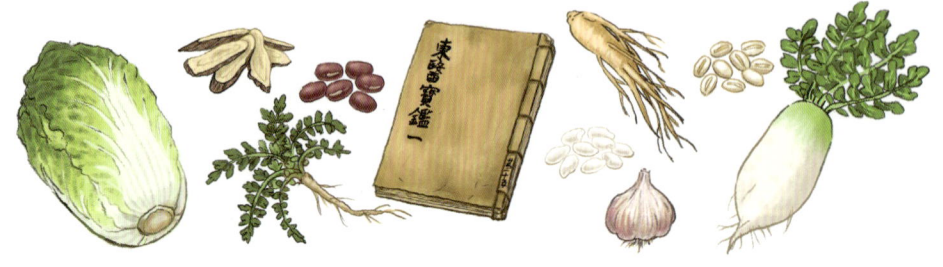

한국 음식의 재료

한국은 사계절이 뚜렷하여 식재료 또한 다양합니다.

곡류
쌀, 보리, 밀, 조, 수수, 팥, 콩, 녹두 등을 사용하며 흰밥이나 잡곡밥을 주식으로 먹습니다.

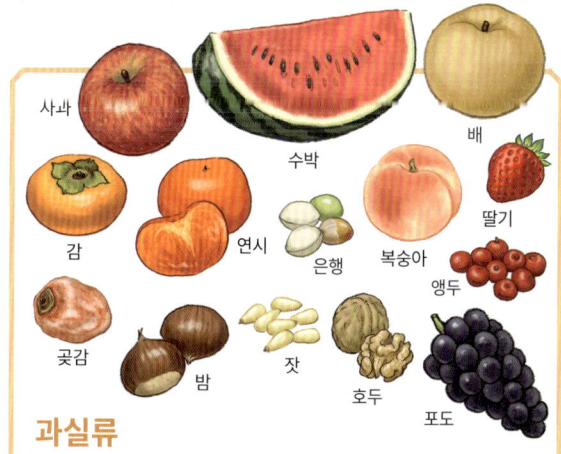

과실류
한국의 대표 과일인 사과와 배는 물론이고, 봄에는 딸기와 앵두, 여름에는 참외, 수박, 복숭아, 가을에는 포도, 대추, 유자 등을 많이 먹으며, 겨울에는 가을에 수확한 감을 연시로 먹거나 껍질을 벗겨 말린 곶감으로 즐깁니다.

그 밖에 주로 **음료로** 만들어 먹는 오미자와 밤, 은행, 잣, 호두 같은 견과류 등이 있습니다.

어패류 및 해조류
한국 음식에는 다양한 해산물이 사용됩니다. 해조류로는 미역, 김, 다시마, 파래 등을 많이 섭취하고, 생선은 명태, 조기, 고등어, 갈치, 대구, 삼치, 가자미, 멸치, 연체류는 오징어, 문어, 낙지, 갑각류는 새우, 게, 조개류 등을 고루 즐깁니다.

채소류
한국 음식에는 채소 중 배추, 무가 가장 많이 사용되고, 계절에 따라 상추, 열무, 미나리, 쑥갓, 깻잎, 고추, 당근, 양파, 호박, 오이, 가지, 도라지, 콩나물, 숙주, 버섯 등을 제철 채소로 많이 먹습니다.

육류
한국인이 가장 선호하는 육류는 소고기이고, 그 외에 돼지고기, 닭고기도 많이 먹습니다.

한국 음식의 양념

양념이란?

'양념(藥念)'이란 음식을 만들 때 재료가 지닌 고유한 맛은 더욱 살리고 나쁜 맛은 없애기 위해 사용하는 조미료 또는 향신료를 말합니다. 양념은 본래 '먹어서 몸에 약처럼 이롭기를 염두에 둔다'는 뜻입니다. 한국 음식의 양념 중 가장 특징적이면서도 기본이 되는 것은 '장'으로 간장, 된장, 고추장 등이 있습니다.

간장

간장은 간을 맞추는 데 기본이 되는 중요한 양념입니다. 한국에서는 전통적으로 집간장을 사용해 왔으나 요즘은 양조간장도 많이 사용합니다.

집간장

집간장은 콩(대두)을 삶아 덩어리로 만들어 자연 발효시킨 메주를 소금물에 넣고 다시 한 번 발효시켜 만든 간장을 말합니다.

집간장은 국간장, 전통간장, 재래식 간장, 한식 간장, 조선간장 등으로도 불리며, 전통적으로 집에서 만들어 사용했습니다. 하지만 요즘은 시장에서 구입해 사용하기도 합니다. 주로 국이나 찌개의 간을 맞출 때 사용하며 나물 무침, 조림 등에도 넣습니다.

한 번 만들어 10~20년 이상 오래 두고 먹기도 하는데 그 시간이 오래될수록 색이 진하고 건강에 더 좋다 전해집니다.

> **집간장을 구입할 때 참고하세요!**
>
> 시중에서 판매하는 집간장은 '국간장', '전통간장' 등과 같이 상품명이 다양하고 제품마다 첨가된 재료도 다르기 때문에 제대로 구입하기 어렵습니다. 하지만 몇 가지 정보를 기억하면 쉽게 구분할 수 있습니다. 먼저 전통 집간장의 재료는 메주(대두), 물, 소금 세 가지입니다. 즉, 제품에 표시된 원재료명에 메주(대두)가 들어가 있고 물과 소금 외에 첨가된 재료가 적을수록 전통 집간장의 맛에 가깝다는 것을 기억하세요. 또한 집간장이나 국간장이라는 제품명이 붙어 있어도 원재료명에 메주가 없고, 탈지대두와 밀 등의 전분이 들어가 있으면 그것은 양조간장이니 전통 집간장의 맛을 보려면 원재료명을 꼭 확인하세요.

집간장과 된장 만드는 과정

불린 콩을 삶는다. → 절구로 빻는다. → 성형하여 메주를 만들고 건조시킨다. → 메주를 자연 발효시킨다. → 메주를 항아리에 넣고 소금물을 붓는다. (18~20% 소금물)

→ 40일 정도 발효시킨다. → 간장(액체)과 된장(건더기)을 분리한다.

- 간장을 체에 걸러 맑게 한다. → 항아리에 넣어 저장한다. (집간장)
- 메주를 건져서 으깬다. → 항아리에 넣어 한 달 정도 숙성시킨다. (된장)

양조간장

주로 육류나 생선 요리의 양념으로 많이 사용되는 양조간장은 콩이나 탈지대두에 쌀, 보리, 밀 등의 전분을 섞은 후 종국(고지균)을 넣고 발효, 숙성시킨 뒤 가공한 간장을 말합니다. 공장에서 대량 생산되는데 이렇게 만들어진 간장, 된장, 고추장은 집에서 만드는 장보다 더 저렴하며 쉽게 구입할 수 있습니다. 양조간장은 '진간장'이라는 이름으로 판매되기도 하는데, 무엇을 구입하든 '양조간장 100%'인 것을 고르는 것이 좋습니다.

된장

소금물에 메주를 넣어 발효시킨 후 건더기를 건져 만든 장으로 된장국, 된장찌개, 나물 무침 등에 사용합니다. 집에서 만들거나 시장에서 구입하는데, 구입 시에는 콩(메주)의 함량은 높고 물, 소금 외에 첨가된 다른 재료의 종류는 적은 것을 고르는 것이 좋습니다.

고추장

엿기름물에 찹쌀가루를 넣어 당화시킨 후 고춧가루, 메줏가루, 소금 등을 섞어 발효한 매운맛의 전통 장입니다. 고추장은 주로 반찬을 만들 때 매운맛의 양념으로 사용되며 집에서 만들어 먹거나 시장에서 구입합니다. 제품 원재료로 고춧가루, 소금 외에 메줏가루, 엿기름이 들어가 있는 제품이 전통 고추장의 맛에 가까우며, 매운맛의 정도를 잘 확인하여 구입할 것을 권장합니다.

고추장 만드는 과정

따뜻한 물에 찹쌀가루와 엿기름가루를 풀어 당화시킨 다음 끓여서 적당한 농도로 조려 식힌다. → 메줏가루와 고춧가루를 넣어 잘 섞은 다음 소금으로 간을 맞춘다. → 항아리에 담아 한 달 이상 발효시켜 먹는다.

쌈장

쌈을 싸 먹을 때 쓰는 쌈장은 상추쌈이나 배추쌈 등에 넣어 먹거나 고기에 곁들여 먹습니다. 된장과 고추장을 섞고 거기에 파와 마늘 다진 것, 참기름, 깨소금, 꿀이나 설탕을 넣어 만들지만 간편하게 사서 먹기도 합니다.

소금
한국 음식에는 바닷물을 햇볕과 바람에 증발시켜 만든 '천일염'이 많이 사용됩니다. 김치를 담그기 위해 배추와 무를 절일 때나 간장을 담글 때는 알이 굵고 거친 '호염'을 넣고, 일반적인 음식에는 꽃소금이나 호염을 녹여 불순물을 제거하고 재결정시킨 정제염을 주로 사용합니다.

고춧가루
마른 고추를 다양한 굵기로 빻은 가루로 조리법에 따라 굵기를 달리하여 사용합니다.

식용유
한식에서는 참기름, 들기름, 대두유, 카놀라유, 옥수수유, 면실유 등을 조리법에 따라 다양하게 사용합니다. 특히 참깨를 볶은 후 압착해 짜낸 참기름은 특유의 고소한 향미가 있어 양념으로도 많이 사용됩니다.

설탕, 꿀, 물엿
단맛을 내는 감미료들이며 이 중 물엿이나 조청은 윤기와 단맛을 동시에 낼 때 사용합니다.

식초
곡물로 만든 식초, 사과식초, 매실식초 등을 용도에 따라 선택하고 사용합니다.

후추

육류나 생선의 나쁜 냄새를 제거하고 고유의 맛과 향은 살리기 위해 사용합니다.

새우젓, 멸치 액젓
작은 새우를 소금에 절여 발효시킨 새우젓은 김치, 국, 찌개 등에, 멸치를 소금에 절여 발효시킨 후 거른 멸치 액젓은 김치, 생채, 찌개 등에 사용합니다. 재료와 어울리는 맛을 선택해 넣는데, 멸치 액젓 대신 까나리 액젓을 사용해도 괜찮습니다.

참깨

깨를 씻어 볶은 것으로 깨소금 양념 또는 고명으로 사용합니다.

계피

떡, 한과, 음청류에 주로 사용합니다.

생강

양념으로 쓰이는 뿌리채소의 하나로 다지거나 편으로 썰어 김치, 생선, 고기, 한과 등에 다양하게 사용합니다.

겨자

발효하여 매콤해진 겨자를 양념으로 사용하는데 고춧가루와는 다른 매콤한 맛을 냅니다. 시중에서 판매하는 튜브형 연겨자도 많이 사용합니다.

마늘, 파
한국 음식에 많이 들어가는 마늘은 통으로, 또는 다져서 양념으로 사용하며, 파는 조리법에 맞게 적당한 크기로 썰거나 다져서 사용합니다.

한국 음식의 고명

'고명'이란 음식을 예쁘게 꾸며 더욱 맛있어 보이도록 완성된 요리 위에 뿌리거나 얹는 것을 말합니다. 고명은 자연의 색에서 따오는데, 음양오행설(陰陽五行說)의 다섯 가지 색인 하양, 노랑, 파랑(초록), 빨강, 검정을 이용합니다.

한국 음식의 기본 조리법

다지기

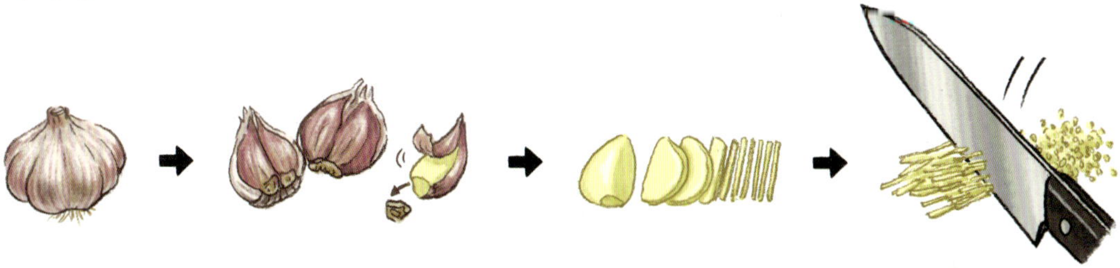

마늘 다지기
껍질을 까서 뿌리 쪽 딱딱한 부분을 잘라 내고 씻은 후 물기를 닦고 다진다.(기계로 간 마늘을 사용해도 되지만 칼로 다져서 쓰면 양념이 깔끔하고 향과 맛이 좋다.)

마늘 10g = 다진 마늘 1큰술 = 다진 마늘 3작은술

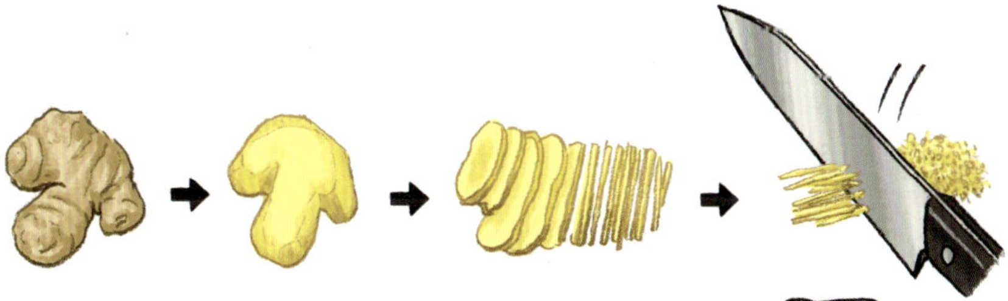

생강 다지기
깨끗이 씻어서 껍질을 벗기고 다진다.

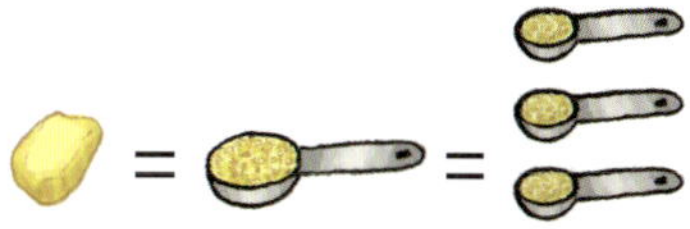

생강 7g = 다진 생강 1큰술 = 다진 생강 3작은술

파 다지기
흙이 있는 겉껍질은 벗기고 씻은 후 뿌리 쪽 흰 부분만 다져서 양념으로 사용한다.

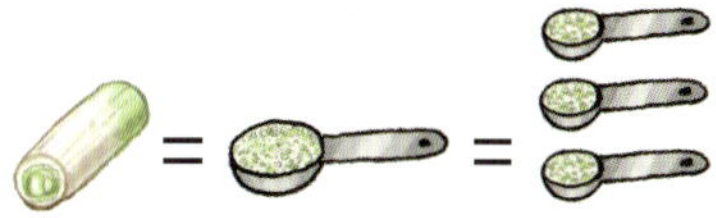

파 10g = 다진 파 1큰술 = 다진 파 3작은술

즙 만들기

생강즙 만들기
껍질 벗긴 생강을 강판에 갈거나 곱게 다진 다음 면포에 싸서 즙을 짠다.

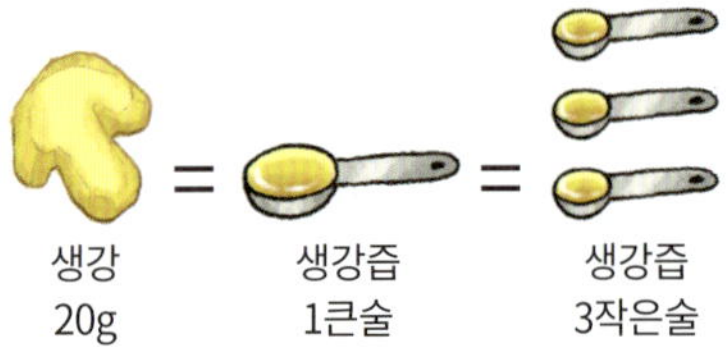

생강 20g = 생강즙 1큰술 = 생강즙 3작은술

배즙 만들기
배를 씻어 껍질을 벗기고 강판에 간 후 면포에 싸서 즙을 짠다.

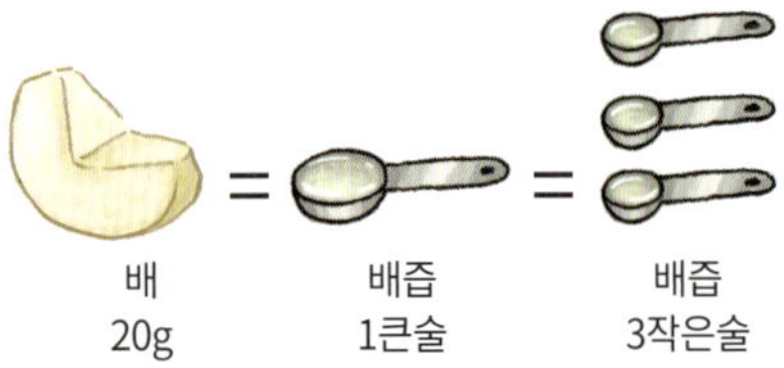

배 20g = 배즙 1큰술 = 배즙 3작은술

청포묵 부드럽게 하기

청포묵을 용도에 맞게 썬다.

물이 끓으면 청포묵을 넣고 1~2분 더 끓인다.

불을 끄고 그대로 두면 투명해지면서 부드럽게 된다. 건져서 사용한다.

기본 썰기

채썰기 깍둑썰기 어슷썰기

마구 썰기 둥글 썰기

달걀지단 부치기

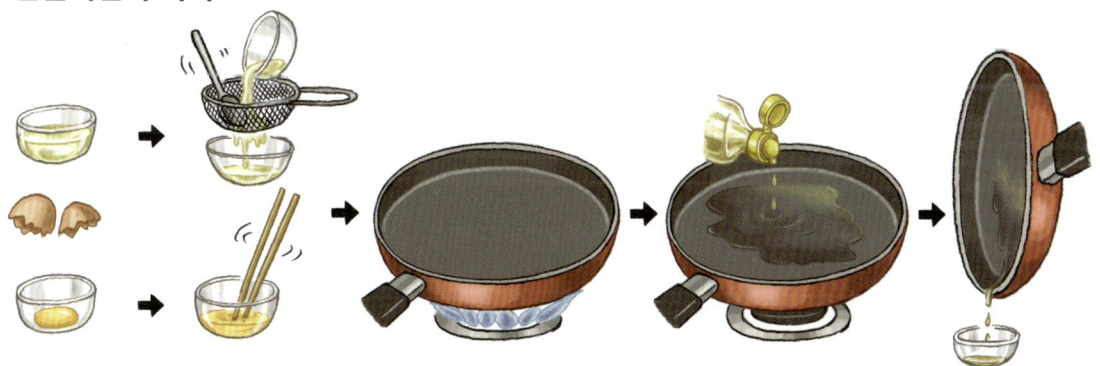

흰자위와 노른자위를 따로 분리한다.
흰자위는 체에 걸러서 잘 풀고
노른자위도 잘 풀어 놓는다.

프라이팬을 뜨겁게 해서 불을 끄고 약간 식으면
식용유를 두르고 뜨거워지면 여분의 기름은 따라 낸다.

프라이팬이 약간 식으면 흰자위와 노른자위를 각각 부어서 약불로 서서히 익힌다.
한쪽이 익으면 뒤집어서 반대쪽도 익힌다.

두께는 용도에 따라 조절하는데, 구절판, 비빔밥,
국수장국 등에는 얇은 지단을, 신선로, 전골 등에는
두꺼운 지단을 사용합니다.

깨소금 만들기

생깨를 씻어서 체에 밭쳐 물기를 뺀 다음 깊이가 있는 냄비에 넣고 중불에 올려 서서히 볶는다.

볶은 깨는 분말기나 깨 갈이로 갈아서 사용하며, 볶은 깨를 구입할 때는 볶은 지 오래되지 않은 것을 고르는 것이 좋습니다.

잣가루 만들기

잣은 마른 면포로 닦아 준비한다. 한지나 흡수지를 깔고, 그 위에 준비한 잣을 올려 칼날로 다지면 종이가 기름을 흡수하며 보슬보슬한 잣가루가 된다.

말린 고사리 불리기

냄비에 재료 양의 두 배 이상의 물을 넣고 불에 올려 끓으면 고사리를 넣는다.

1~2분 더 끓인다.

고사리가 물속에 잠기면 뚜껑을 덮고 불을 끈다. 한 시간 정도 두면 부드럽게 된다.

3회 정도 헹궈서 사용한다.

말린 도라지, 말린 토란줄기, 말린 가지 등도 같은 방법으로 불립니다.

음식 재료 계량법

무게의 단위는 g으로 표시합니다.
1oz = 28.35g

부피는 ml, cc로 표시합니다.

1컵 = 200ml(cc)

1큰술 = 15ml(cc)

1작은술 = 5ml(cc)

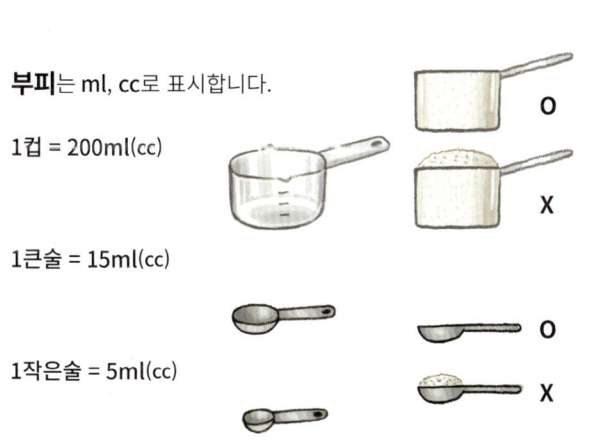

길이는 cm로 표시합니다.
1inch = 2.54cm

주식

곡류로 만드는 밥은 한식의 주식으로 식사에서 차지하는 비중이 크며 그만큼 중요하게 여겨집니다. 사람에 따라 선호하는 곡식의 종류는 조금씩 다르지만 그 중심에는 쌀이 있으며, 이를 밥 또는 죽으로 만들어 먹습니다. 또한 밀가루를 이용하여 국수나 만두 등을 만들어 주식으로 즐기기도 합니다.

밥
오곡밥
비빔밥
김밥
호박죽
잣죽
국수장국
물냉면
만둣국

1장
주식

> 1장
> 주식

밥

Rice

흰밥은 다른 곡류를 넣지 않고 멥쌀로만 지은 밥으로 한국 음식에서 가장 기본이 되는 주식이며 어떤 반찬과도 잘 어울립니다. 밥을 빗대어 "한국 사람은 밥심으로 산다"는 말이 있을 정도로 한국 음식에서의 밥은 매우 중요합니다.

재료 및 분량 4인분

멥쌀(백미) 2컵   물 2 1/2컵

밥을 지을 때 필요한 물의 양은 쌀의 상태나 계절에 따라 약간의 차이가 있습니다.

한국에서는 보통 쌀알이 짧고 통통하며 단단하고 투명한 자포니카종을 먹습니다.
특히 한국인들은 밥을 지으면 찰기가 생기고 기름기가 흐르는 한국산 쌀을 선호합니다.

자포니카종   인디카종

쌀을 고를 때는 생산 연도와 도정 일자가 최근인 것이 좋습니다.

쌀은 벼의 껍질을 벗긴 정도에 따라 현미, 오분도미, 칠분도미, 백미로 나뉩니다.

 ➡  ➡  ➡  ➡

벼의 낟알 / 현미 (낟알에서 겉껍질을 벗겨 낸 쌀) / 오분도미 (속껍질을 약 50% 제거한 쌀) / 칠분도미 (속껍질을 약 70% 제거한 쌀) / 백미 (속껍질을 완전히 제거한 쌀)

현미밥

현미로 지은 밥으로 흰밥에 비해 소화는 잘 안 되지만 식이 섬유와 비타민B를 더 많이 함유하고 있습니다. 수분 흡수가 잘 되지 않아 밥을 지을 때 흰밥보다 물을 더 많이 붓는 것은 물론 불리기도 더 오래 불려야 합니다. 먹을 때도 소화를 위해 오래 씹는 것이 좋습니다.

밥(흰밥)

잡곡을 섞지 않고 멥쌀인 백미로만 지은 밥으로 부드럽고 소화가 잘됩니다.

1 쌀을 세 번 정도 씻는다.

물 2 1/2컵

2 분량의 물에 30분간 담가 둔다.

전기밥솥

냄비는 두툼하고 깊이가 조금 깊은 것이 좋습니다. 뚜껑은 무거운 것이 좋은데, 특히 투명한 유리 뚜껑은 속이 잘 보이기 때문에 밥을 지을 때 편리합니다. 하지만 요즘은 전기밥솥을 많이 사용합니다.

3 냄비에 불린 쌀과 물을 넣고 뚜껑을 덮어 센 불로 끓인다.

끓으면 중불로 5분 정도 끓인다.

음~
밥 냄새 좋다~
마음이 편안해져~

아주 약한 불로 10분 정도 끓인다.

불을 끄고 2분 정도 그대로 둔다.

4 잘 섞어서 밥그릇에 담는다.

밥을 다 덜어 낸 후에도 바닥에 밥이 눌어붙어 있을 때가 있는데, 이것을 누룽지라고 합니다.

누룽지는 그대로 먹거나 기름에 튀긴 다음 설탕을 뿌려 과자처럼 먹습니다. 요즘 가정에서 주로 사용하는 전기밥솥에는 누룽지가 잘 생기지 않기 때문에 편하게 시장에서 사 먹기도 합니다.

누룽지에 물을 붓고 끓이면 숭늉이 된다.

숭늉은 구수한 맛이 일품인데 주로 식후에 차처럼 마신다.

하하, 엄마! 밥이 너무 많은 거 아니에요?

엄마는 밥심으로 사는 거 모르니? 밥을 꼭꼭 씹어 달콤한 맛을 즐겨 보렴.

> 1장
> 주식

오곡밥

Steamed Five-grain Rice

오곡밥은 다섯 가지 곡식을 섞어 지은 밥으로 그해의 곡식 농사가 잘 되기를 바라며 농사지은 곡식을 종류별로 섞어 만든 정월대보름 절식의 하나입니다. 하지만 영양적으로 건강에 좋아 평소에도 흰쌀밥보다 오곡밥과 같은 잡곡밥을 먹길 권장합니다.

재료 및 분량 4인분

찹쌀 2컵　　차조 1/2컵　　찰수수 1/2컵　　팥 1/2 컵　　검은콩 1/2컵

소금 1작은술　　물(팥물+물) 4컵

잡곡으로는 멥쌀, 보리, 찰기장, 흰콩, 강낭콩 등을 다양하게 사용할 수 있으며, 비율은 기호에 맞게 조절하면 됩니다. 우리 집에서는 아이들의 생일날 아침에 찹쌀과 팥을 넣은 찰밥을 지어 미역국과 함께 먹으며 생일을 축하해 줍니다.

  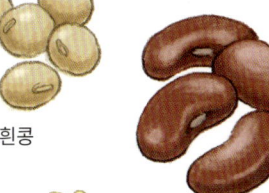 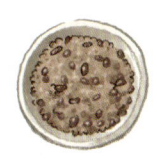  

멥쌀　　흰콩　　강낭콩　　찰밥　　미역국

보리　　찰기장

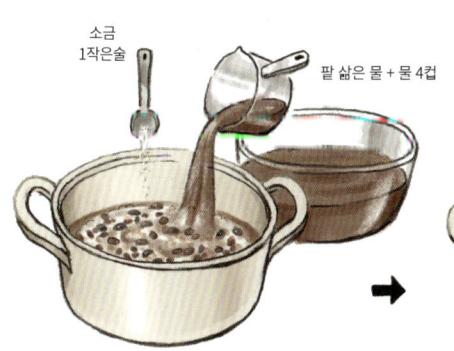

6 냄비에 차조만 남기고 다 함께 섞어서 밥물(팥 삶은 물 + 물)을 붓고, 소금을 넣은 후 뚜껑을 덮고 센 불로 끓인다.
(차조는 크기가 작기 때문에 함께 넣으면 아래로 다 가라앉아 바닥에 눌어붙을 수 있다.)

밥이 끓으면 차조를 위에 얹는다. 중불로 낮춰 뚜껑을 닫고 5분 끓인다.

약불로 10분 끓인다.

불을 끄고 2분 정도 그대로 둔다.

뚜껑을 열고 잘 섞어서 밥그릇에 담는다.

정월대보름 상차림

정월대보름(음력 1월 15일)

새해 첫 음력 보름달이 뜨는 날이며, 한국 전통 명절의 하나입니다. 이 날은 일 년 중 가장 먼저 뜬 보름달을 바라보며 풍년 및 질병과 근심이 없는 한 해를 기원하기도 합니다.

    정월대보름에는 귀가 밝아지라는 의미로 아침에 마시는 귀밝이술, 김과 피마자 잎으로 밥을 싸 먹는 복쌈, 견과류 호두, 밤, 땅콩, 잣 등의 부럼, 지난해에 말려 둔 아홉 가지 묵은 나물과 오곡밥을 먹습니다. 이 풍습은 현대에도 여전히 이어지고 있습니다.

비빔밥

Bibimbap

흰밥 위에 고기볶음, 나물, 채소, 달걀지단, 튀각 등의 여러 가지 재료를 올린 후 고추장이나 간장을 넣어 비벼 먹는 음식으로 궁중에서는 '골동반'이라고도 불렸으며 한 해의 마지막 날 먹었다고 전해집니다. 비빔밥은 주로 채소를 볶거나 데쳐 양념한 뒤 밥 위에 올리지만, 계절에 따라 다양한 생채소를 넣을 수도 있습니다. 그릇에 담을 때는 재료의 색이 돋보이도록 오색으로 돌려 담습니다.

재료 및 분량 4인분

 쌀 2컵
 도라지 100g
 애호박 150g
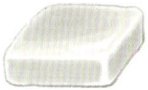 청포묵 100g

 불린 고사리 100g
 소고기 120g
 다시마 10 x 5cm
 달걀 2개
 소금 적당량

양념(소고기/고사리)

 양조간장 1큰술
 설탕 1작은술
 깨소금 1/2작은술
 다진 파 1작은술
 다진 마늘 1/2작은술
  참기름 1/3작은술
 후춧가루 적당량

 고추장 2큰술
 참기름 1큰술
 식용유 적당량
 참기름 적당량
 소금 적당량

푸른색 채소인 애호박을 대신하여 주키니, 오이, 시금치, 미나리, 쑥갓 등을 사용할 수 있고, 흰색 채소인 도라지는 무, 숙주, 콩나물 등으로 대체할 수 있으며, 갈색의 고사리 대신 표고버섯을 넣어도 맛있습니다. 비빔밥은 밥 위에 올리는 식재료에 따라 다양한 이름으로 불립니다.

생채소비빔밥

육회비빔밥

회비빔밥

돌솥비빔밥

1 쌀을 물에 30분간 불린 후 밥을 짓는다.(28쪽 참고)

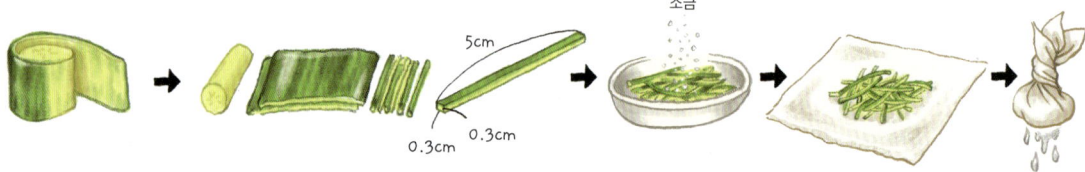

2 애호박은 돌려 깎기 하여 채 썬다.
(씨 있는 부분은 사용하지 않는다.)

소금에 절여 면포에 싸서 물기를 짠다.

3 도라지도 채 썰어 소금을 약간 뿌리고 주물러 씻어 쓴맛을 뺀다.
(말린 도라지를 구입해 불려서 사용해도 된다. 22쪽 참고)

4 소고기는 채 썰어 양념한다.

깨소금 1/2작은술
다진 마늘 1/2작은술
설탕 1작은술
다진 파 1작은술
참기름 1/3작은술
양조간장 1큰술
후춧가루 소량

5 고사리의 딱딱한 줄기는 잘라 내고 5cm 길이로 잘라 양념한다.
(말린 고사리를 구입해서 불려서 사용해도 된다. 22쪽 참고)

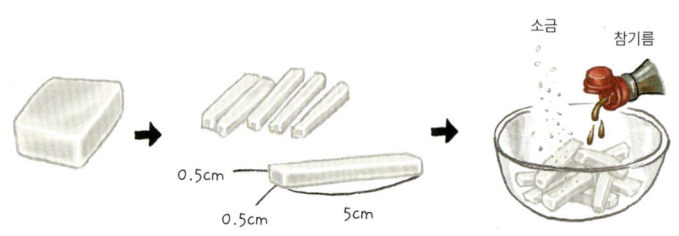

6 청포묵은 채 썰어 소금, 참기름으로 무쳐 둔다.
(청포묵이 딱딱하면 끓는 물에 데쳐서
부드럽게 한 후 사용한다. 20쪽 참고)

7 달걀은 흰자와 노른자를 나누어 지단을 부쳐 채 썬다. (21쪽 참고)

8 프라이팬에 식용유를 두르고 도라지, 애호박, 소고기를 각각 볶는다.

고사리는 물을 조금씩 넣어 부드럽게 볶는다.

9 다시마는 기름에 튀겨 잘게 부순다.

10 준비한 재료를 색을 맞추어 밥 위에 돌려 담은 뒤 튀긴 다시마와 달걀지단을 얹어서 낸다.
고추장, 참기름을 따로 담아낸다.

> 고추장과 참기름은 기호에 맞춰 적당량을 넣고 비비세요. 매운맛이 싫다면 고추장 대신 집간장과 참기름을 넣어 먹어도 좋아요. 사실 전통적으로는 집간장을 넣어 먹었답니다.

1장
주식

김밥

Gimbap

　김밥은 여러 가지 채소와 육류를 밥과 함께 김에 돌돌 만 후 먹기 좋은 크기로 썰어 먹는 음식으로 들어가는 재료에 따라 종류도 달라집니다.
　바쁠 때 장소에 구애받지 않고 쉽게 먹을 수 있는 간단한 음식이며, 특히 엄마의 마음이 담긴 대표적인 소풍 도시락 메뉴이기도 합니다.

재료 및 분량 김밥 4줄

조림간장

1 쌀을 씻어 물에 30분간 불린다. 밥을 짓는다.(28쪽 참고) 밥에 밑간을 해 둔다.

2 달걀은 소금을 넣고 풀어서 달걀말이를 한 다음 김 길이에 맞춰 길게 썬다.

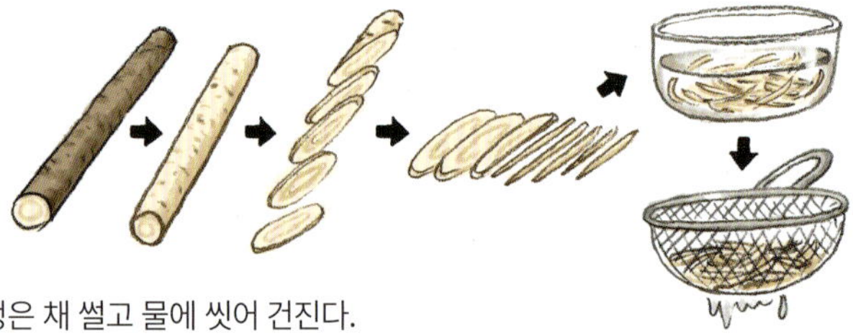

3 우엉은 채 썰고 물에 씻어 건진다. 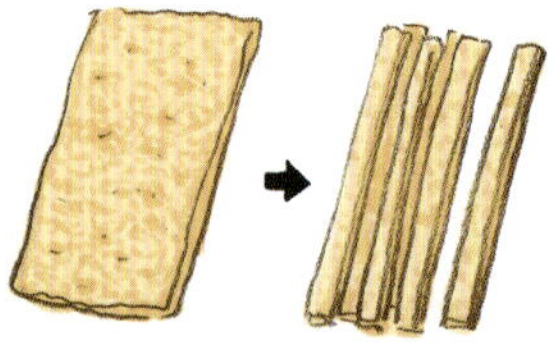 **4** 어묵은 김 길이로 길게 썬다.

5 조림간장이 끓으면 우엉을 넣고 조린다. 우엉을 조리고 남은 조림간장에 어묵을 살짝 볶는다.

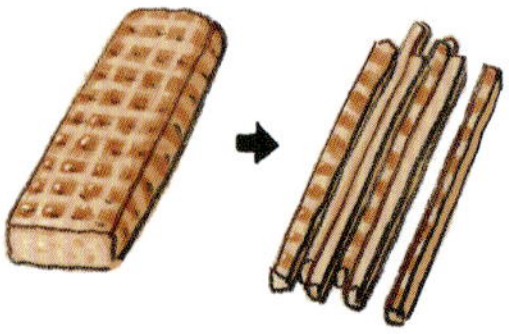

6 햄도 김 길이로 길게 썬다. 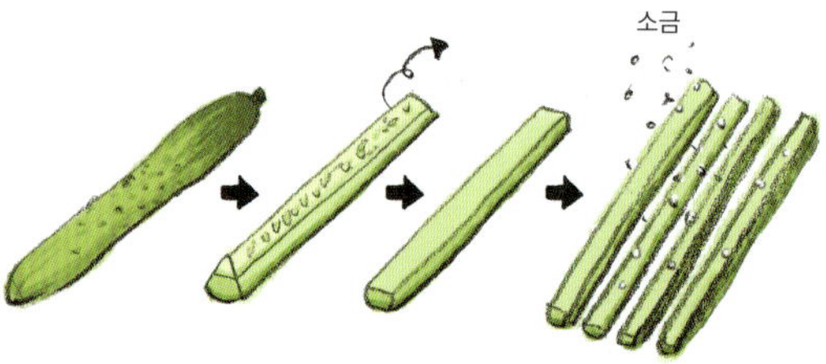 **7** 오이는 길이로 썰어 씨 부분을 잘라 내고 소금에 살짝 절인 다음 물기를 제거한다.

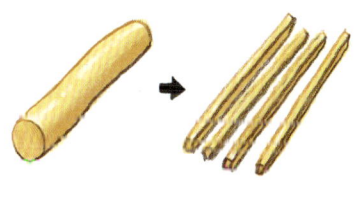

8 단무지도 길게 썬다.
(길게 잘라져 있는 김밥용 단무지를 사용해도 된다.)

9 당근은 가늘게 채 썬다.

프라이팬에 식용유를 두르고 소금을 넣어 살짝 볶는다.

10 김을 살짝 굽는다.
(구워져 있는 김밥용 김을 사용해도 된다.)

  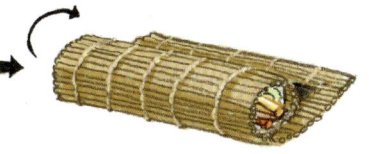

11 김은 거친 쪽을 위로 하여 김발 위에 놓고 밥을 김의 3/4까지 고르게 편다.

속 재료를 골고루 놓고 김발로 꼭꼭 눌러 주면서 만다.

12 칼에 참기름을 바르고 1cm 두께로 썰어 보기 좋게 그릇에 담는다.

1장
주식

호박죽·잣죽

Pumpkin Porridge·Pine Nut Porridge

한국 사람이라면 대부분 좋아하는 호박죽은 늙은 호박과 찹쌀가루를 넣어 끓입니다. 특히 식감이 부드럽고 당분이 많아 회복기의 환자나 노인에게도 적당하며, 식사 전에 전채 메뉴로 내기도 합니다.

잣죽은 잣과 불린 쌀을 곱게 간 후 끓인 죽으로 소화가 잘 되고 향 또한 좋습니다. 옛 궁중에서는 아침 식전에 잣죽을 올렸다고 합니다.

재료 및 분량 2인분

호박죽

| 단호박 500g | 찹쌀가루 1/2컵 | 소금 1/2작은술 | 설탕 1~2큰술 | 물 4컵 |

잣죽

| 잣 1컵 | 멥쌀 1/2컵 | 물 5컵 | 소금 적당량 |

> 잣죽을 끓일 때는 쌀과 잣을 곱게 갈고 나무 주걱으로 저어 가며 끓여야 부드럽고 고소한 맛이 더욱 살아납니다.
> 또한 소금 간을 맨 나중에 해야 죽이 삭지 않으니 꼭 기억하세요!

잣

『동의보감』에는 "잣은 피부에 윤기를 돌게 하고 오장을 살찌게 하며 떨어진 기운을 보한다"고 되어 있습니다. 때문에 지금도 잣죽은 영양가 높은 보양죽으로 여겨집니다.

예전에는 호박죽을 만들 때 늙은 호박을 주로 사용했으나 요즘은 크기가 작고 색깔이 선명한 단호박을 사용하거나 이 두 가지를 섞어 끓이기도 합니다. 호박죽에 팥, 콩 등을 넣어 끓이면 호박범벅이 됩니다.

늙은 호박　　단호박

호박죽

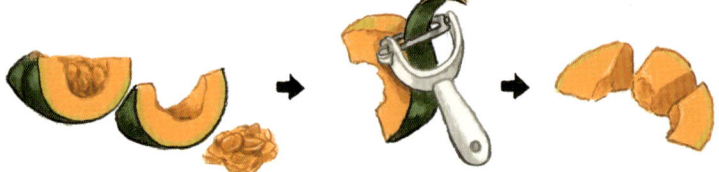

1 단호박은 씨를 제거하고 껍질을 벗겨 큼직하게 썬다.

2 두꺼운 냄비에 단호박을 넣고 물을 부어 끓인다.

중불로 하여 약 20분간 무르게 삶는다.

냄비에서 으깬다.

3 찹쌀가루를 물(1 : 2)에 갠다.
(찹쌀가루가 없으면 녹말가루를 사용해도 된다.)

조금씩 넣어 가며 주걱으로 덩어리를 풀어 주면서 끓인다.

4 농도가 맞으면 소금과 설탕으로 간을 맞추고 조금 더 끓인다.

그릇에 담아낸다.

잣죽

1 멥쌀을 씻은 후 물을 부어 30분 동안 불린다.

믹서에 쌀과 물을 함께 부어 곱게 간다.

고운체에 거른다.

2 잣의 고깔을 뗀다.

물에 씻어 잠깐 담갔다가 건진다.

믹서에 잣을 넣고 물을 부어 곱게 간다.

고운체에 거른다.

나무 주걱으로 저어 가며 중불로 끓인다. 끓기 시작하면 저어 주면서 5분 더 끓인다.

3 쌀 간 것을 조금씩 부어 가며 주걱으로 저어 준다.

끓기 시작하면 약불로 바꾸고 10분 더 끓인다. 마지막에 소금으로 간하고 불을 끈다.

설탕이나 꿀을 곁들여 내기도 한다.

1장
주식

국수장국

Noodles in Hot Beef-based Broth

뜨거운 소고기 장국에 국수를 말아 먹는 음식으로 '온면'이라고도 하며 국수의 긴 형태 때문에 장수를 기원하는 의미가 담겨 있습니다. 결혼, 생일, 회갑 등과 같은 좋은 날 손님을 대접하는 음식이라 '잔치국수'라고도 합니다.

재료 및 분량 2인분

마른국수(소면) 200g | 소고기 50g | 달걀 1개 | 애호박 50g | 실고추 약간 | 식용유 적당량 | 소금 적당량

국물

다시마 10 x 5cm | 양지머리 100g | 대파 5cm | 마늘 2쪽 | 물 5컵 | 집간장 2작은술

소고기 양념

양조간장 1작은술 | 설탕 1/3작은술 | 다진 파 1작은술 | 다진 마늘 1작은술 | 깨소금 적당량 | 후춧가루 적당량 | 참기름 적당량

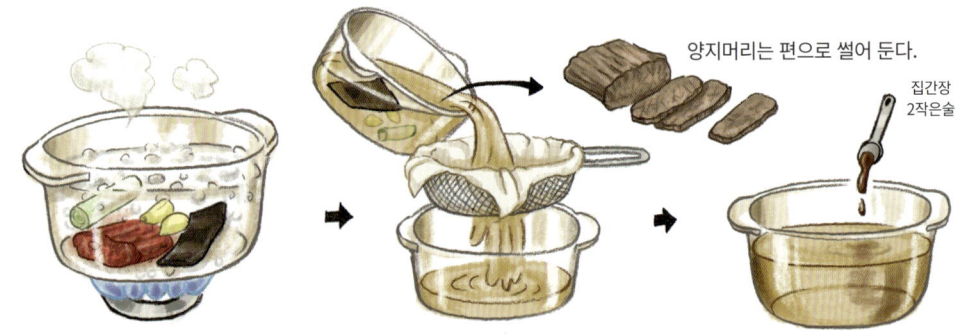

1 물 5컵에 양지머리, 다시마, 파, 마늘을 함께 넣어 끓으면 약불로 줄여 20분 정도 더 끓여서 육수를 만든다. 양지머리는 건져 내고 국물은 면포에 거른다. 집간장으로 간을 맞춘다.

2 소고기는 채 썰고 양념을 해서 볶는다.

3 애호박은 돌려 깎기 하여 채 썰고 소금에 절인다. 면포에 싸서 물기를 짜고 프라이팬에 식용유를 두르고 볶는다.

4 달걀은 프라이팬에 황백지단을 부쳐서 5cm 길이로 곱게 채 썬다.(21쪽 참고)

5 냄비에 물을 충분히 넣고 끓으면 국수를 넣는다. 물이 다시 끓어오르면 찬물을 1컵 정도 부어 젓가락으로 국수를 저어 주면서 서로 붙지 않게 한다.

국수가 잘 익으면 건져서 찬물에 맑은 물이 나올 때까지 여러 번 헹군다.

소쿠리에 담아 물기를 빼고 국수 사리를 만들어 그릇에 담는다.(53쪽 참고)

1의 장국을 끓여 붓는다.

실고추
달걀지단(백)
달걀지단(황)
소고기   애호박
소고기 편육

준비한 재료들을 국수 위에 올린다.

비빔국수도 만들어 보세요!

비빔국수 양념 2인분

양조간장 1 1/2큰술, 설탕 1작은술,
참기름 1큰술, 깨소금 1작은술

삶은 국수에 양념장을 넣고 비벼서 비빔국수로도 즐겨 보세요. 매운맛을 좋아한다면 양조간장의 양을 줄이고 줄인 간장만큼 고추장을 추가하셔도 좋습니다.

1장
주식

물냉면

Cold Buckwheat Noodles

삶은 메밀국수 위에 초절임한 오이, 동치미 무, 삶은 달걀, 소고기 편육 등을 고명으로 얹은 후 차게 식힌 소고기 육수를 부어 먹는 국수입니다. 육수는 소고기 육수와 동치미 국물을 반씩 섞어 만들기도 합니다. 냉면의 한 종류이자 '평양냉면'이라고도 불리는 물냉면은 평양 지방의 향토 음식이었으나 지금은 모든 지역에서 즐겨 먹습니다.

재료 및 분량 2인분

| 냉면용 메밀국수 300g | 오이 1/3개 (50g) | 무 100g | 배 50g | 달걀 1개 |

단촛물

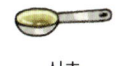   

식초 2큰술 / 설탕 2큰술 / 소금 1작은술 / 물 2큰술

소고기 육수

양지머리 100g / 대파 10cm / 마늘 2쪽 / 물 5컵

 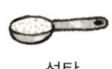

소금 2작은술 / 설탕 1큰술 / 식초 2작은술 / 집간장 적당량

겨자즙

겨잣가루 1큰술 / 따뜻한 물 2큰술 / 식초 1큰술 / 설탕 1큰술 / 소금 1/4작은술

함흥냉면

한국의 대표적인 냉면에는 평양냉면과 함께 함흥 지방의 향토 음식인 함흥냉면이 있습니다.

함흥냉면은 '비빔냉면'으로 널리 알려져 있으며 회를 무쳐 넣었다 하여 '회냉면'이라고도 합니다.

비빔냉면도 만들어 보세요.

냉면 사리 위에 양념을 얹습니다. → 고명을 올리고 비벼 먹습니다.

비빔냉면 양념 2인분

양파 50g, 사과 30g, 마늘 2쪽, 대파 5cm, 고추장 1큰술, 고춧가루 3큰술, 꿀 2큰술, 설탕 1큰술, 식초 3큰술, 소금 1/2큰술을 섞어서 믹서에 갑니다.

6 붙어 있는 냉면용 메밀국수를 가닥가닥 떼어 놓는다.

냄비에 물을 넉넉히 붓고 끓으면 국수를 넣는다. 젓가락으로 저어 가며 1분 정도 삶는다. (구입한 국수마다 시간이 다를 수 있으니 제품의 조리법을 참고한다.)

면을 찬물에 맑은 물이 나올 때까지 여러 번 헹군다.

국수를 동그랗게 포개어 감은 것을 '사리'라고 한다.

7 1인분 씩 사리를 만들어 물기를 뺀다.

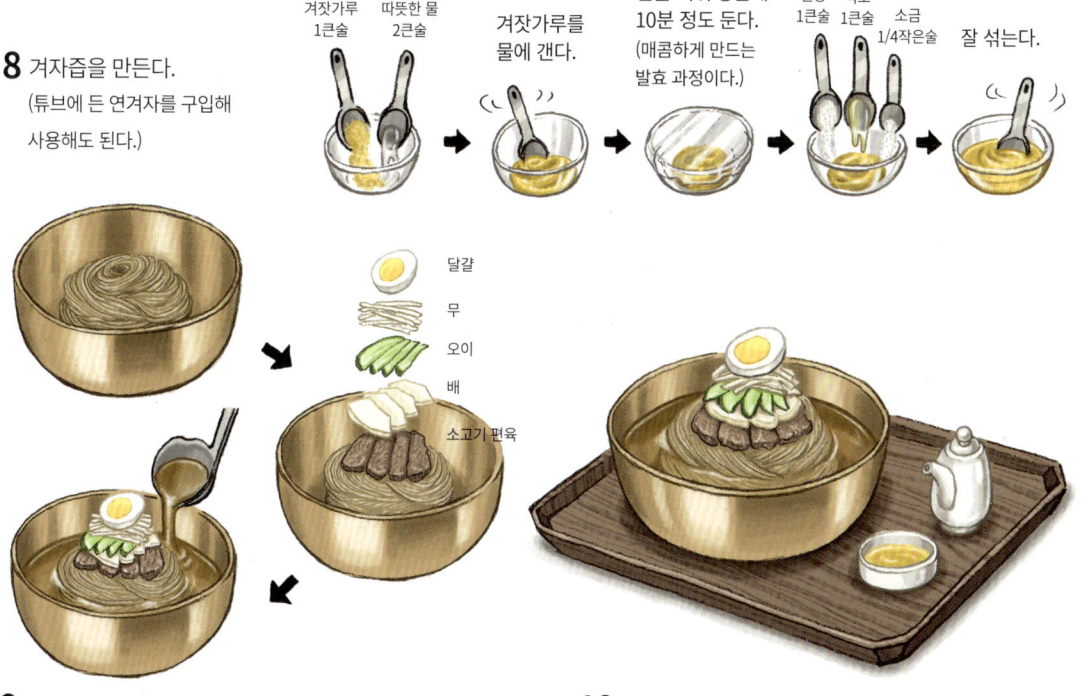

8 겨자즙을 만든다.
(튜브에 든 연겨자를 구입해 사용해도 된다.)

겨잣가루 1큰술 / 따뜻한 물 2큰술 → 겨잣가루를 물에 갠다. → 랩을 씌워 상온에 10분 정도 둔다. (매콤하게 만드는 발효 과정이다.) → 설탕 1큰술 / 식초 1큰술 / 소금 1/4작은술 → 잘 섞는다.

달걀 / 무 / 오이 / 배 / 소고기 편육

9 냉면 사리를 그릇에 담는다.
차갑게 해 놓은 냉면 국물을 붓는다.

10 겨자즙과 식초를 곁들여 낸다.

53

1장
주식

만둣국

Dumpling Soup

　밀가루 반죽을 얇게 밀어 피를 만든 다음 소고기, 돼지고기, 채소 등의 소를 넣고 빚은 만두를 소고기 육수에 넣어 끓인 음식입니다.
　주로 북부 지방에서 음력 1월 1일 설날에 만들어 먹었지만 지금은 언제 어디서나 일상적으로 즐겨 먹습니다. 여기에 가래떡을 썰어 넣어 떡만둣국으로 끓여 먹기도 합니다.

재료 및 분량 2인분

 밀가루 1 1/2컵
 소금 1/3작은술
 물 1/2컵
다진 소고기 150g
건표고 10g
 배추 100g

 숙주 100g
 양파 40g
두부 50g
달걀 2개
 잣 1/2큰술
참기름 1큰술

국물

 양지머리 200g
 대파 10cm
 마늘 3쪽
 물 6컵
 집간장 1큰술

양념(소고기/표고버섯)

 양조간장 1큰술
 소금 1/2작은술
 다진 파 1큰술
 다진 마늘 1작은술
 설탕 1/2작은술
 참기름 1작은술

 후춧가루 적당량

초간장

 양조간장 2큰술

 식초 1큰술

 설탕 1/2작은술
 고춧가루 적당량

찐만두
만두를 그대로 찜기에 찝니다.

규아상
볶은 소고기, 표고버섯과 함께 채 썬 오이를 넣고 해삼 모양으로 빚은 후 담쟁이 잎으로 싸서 찝니다.

편수
소고기, 애호박, 표고 등을 넣고 네모 모양으로 빚어 찌거나 국물에 넣어 끓입니다.

1 냄비에 양지머리, 대파, 마늘, 물을 붓고 불에 올려 끓인다.

끓으면 중불로 낮추어 20분 정도 더 끓인다.

양지머리는 건져서 결대로 채 썰고, 국물은 식혀서 면포에 걸러 육수를 만든다.

2 밀가루에 소금을 넣고 분량의 물로 반죽한다.(만두피는 구입하여 사용해도 좋으나 직접 반죽하여 만드는 것이 더 촉촉하고 쫄깃하다.)

비닐 봉투에 넣어 부드러워지도록 약 20분간 둔다.

3 다진 소고기에 양념한다.

4 표고버섯은 불려 손질하여 가늘게 채 썬 다음 1cm 정도 길이로 썬다.

양념하여 볶는다.

5 숙주와 배추는 살짝 데쳐서 찬물에 헹군다.

손으로 적당히 물기를 짜고 각각 정해진 크기대로 썬다.

6 양파는 곱게 채 썰어 0.5cm 길이로 잘라 소금을 뿌린 뒤 물기를 꼭 짠다.

7 두부는 면포에 싸서 물기를 꼭 짠다.

8 준비한 재료들과 달걀 1/2개를 넣어 고루 섞고 소금으로 간한다.

9 달걀을 황백으로 나누어 지단을 부쳐 마름모꼴로 썬다.(21쪽 참고)

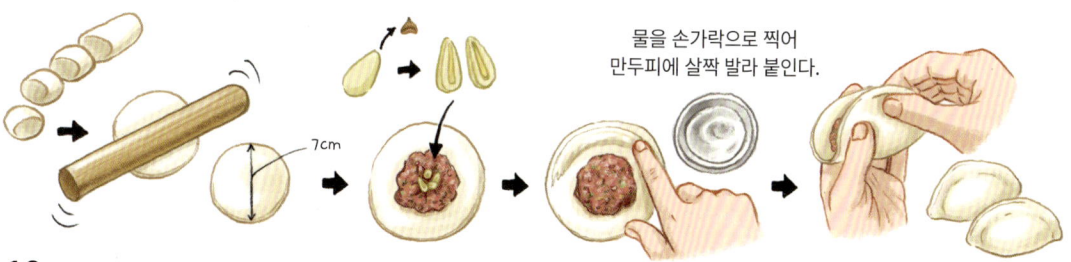

10 밀가루 반죽한 것을 조금씩 떼어 직경 7cm 크기로 얇게 민다.(약 20장)

그 속에 소와 비늘잣 3~4개를 넣어 반달모양으로 만두를 빚는다.

11 양지 국물을 끓여 집간장으로 간한다.

그릇에 국물과 만두를 담고 1의 채 썬 양지머리와 황백지단을 올린다. 초간장을 곁들여 낸다.

부식

국

한식 상차림(반상차림)에서 밥과 함께 기본 식단이 되는 국은 채소, 생선, 고기 등을 물에 넣고 끓인 것으로 한국인의 사랑을 듬뿍 받는 국물 요리입니다. 국의 종류에는 간장으로 간을 한 맑은 장국, 고기나 생선을 푹 고아서 만든 곰국(곰탕), 된장이나 고추장을 넣고 끓인 토장국, 차갑게 만든 냉국 등이 있습니다.

소고기뭇국
미역국
시금치된장국

2장

부식

국

2장 부식 국

소고기뭇국

Beef and Radish Soup

얇게 썬 무와 양념한 소고기를 넣어 볶다가 다시마 국물을 붓고 끓인 맑은 장국으로 가정에서 자주 만들어 먹는 음식입니다. 시원하면서도 달착지근한 감미가 풍부하며 특히 겨울철에 잘 여문 무로 끓이면 맛이 더욱 좋습니다. 소고기뭇국은 맑게 끓이기도 하지만 소고기와 무를 볶을 때 고춧가루를 넣어 맵게 끓여도 시원합니다.

재료 및 분량 2인분

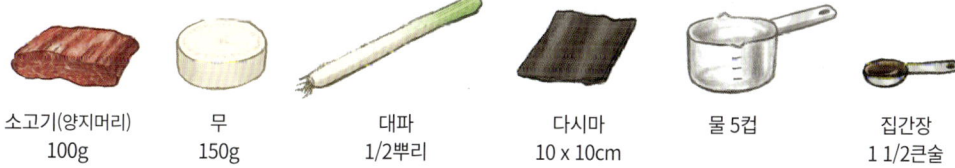

| 소고기(양지머리) 100g | 무 150g | 대파 1/2뿌리 | 다시마 10 x 10cm | 물 5컵 | 집간장 1 1/2큰술 |

양념

| 집간장 1큰술 | 다진 파 1큰술 | 다진 마늘 1/2큰술 | 깨소금 1작은술 | 참기름 2작은술 | 후춧가루 적당량 |

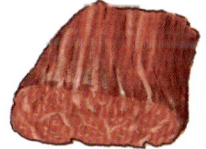

소고기(양지머리)

양지머리는 소의 앞가슴부터 복부 아래쪽까지 분포하는 살코기로 국을 끓일 때 사용하기 좋은 부위입니다. 육질이 치밀하고 단단하여 구이용보다 국물용으로 더 적합하기 때문입니다. 미역국이나 소고기뭇국 등을 끓일 때는 먹기 좋은 크기로 잘라 볶은 후 물을 부어 끓이고, 토란탕이나 죽순맑은탕 등에 사용하는 맑으면서도 진한 국물을 만들려면 고기를 덩어리째 찬물에 넣어 끓인 후 면포에 걸러 내도록 합니다.(56쪽 참고) 더 깊은 감칠맛을 내고 싶을 때는 다시마를 추가해 끓이기도 합니다.

토란탕

껍질 벗긴 토란을 삶아서 양지머리 국물에 넣고 끓인 국입니다. 서울에서는 주로 추석에 즐기는 명절 음식으로 추석 무렵부터 시장에서 볼 수 있습니다.

죽순맑은탕

봄을 맞아 새순이 돋은 부드러운 죽순을 삶아 양지머리 국물에 넣고 끓인 국으로 계절을 느끼며 아삭한 질감을 맛볼 수 있는 국물 음식입니다.

무

한국에서 많이 먹는 채소 중 하나인 무는 김치, 깍두기, 나물, 국, 조림 등의 다양한 형태로 조리해 먹는데, 소화 기능 개선이나 숙취 해소 등에 좋습니다.

1 소고기를 납작납작 썰어서 칼로 잘리지 않게 두드린다.

양념을 넣고 버무린다.

2 냄비에 다시마, 분량의 물을 넣고 끓으면 다시마는 건져 내고 국물을 만들어 둔다.

3 무는 0.3cm 두께, 3 x 3cm 크기로 썬다.

4 파를 3cm 길이로 어슷 썬다.

5 냄비에 소고기와 무를 넣고 함께 볶는다.

매운 소고기뭇국을 먹고 싶으면 고춧가루 2작은술을 넣고 같이 볶으세요.

고기와 무가 익으면 다시마 국물을 붓고 끓인다.

6 끓기 시작하면 중불로 바꾸고 20분 정도 끓인다. 국자로 떠오르는 거품을 걷어 낸다.

국물이 맑아지면 파를 넣고 파가 익으면 집간장으로 간을 맞춘다.

육개장

소고기뭇국에 채소를 듬뿍 넣으면 육개장을 만들 수 있습니다.
 삶아서 썰어 놓은 소고기와 숙주, 토란대, 고사리, 대파, 고춧가루 등을 넣어 끓이면 됩니다.

음~~ 우리 할머니 소고기뭇국이 제일 맛있어~!

음~~ 난 우리 엄마 육개장이 제일 맛있더라~!

2장 부식 국

미역국

Seaweed Soup

물에 불린 마른미역과 소고기를 넣어 끓인 국으로 한국에서는 특히 출산 후 몸조리할 때나 백일(아기가 태어난 지 백 일째 되는 날), 돌(아기가 태어난 지 일 년째 되는 날), 생일날 등에 꼭 먹습니다.

재료 및 분량 4인분

마른미역
30g

소고기(양지)
100g

집간장
2큰술

참기름
2큰술

물 6컵

예로부터 한국에서는 아이를 갓 낳은 산모에게 미역국을 먹이는 풍습이 있었습니다. 『동의보감』에 의하면 "미역은 번열을 내리고 기가 뭉친 것을 치료하며 소변을 잘 나오게 한다"고 했습니다. 즉, 미역은 산모가 소변을 잘 보게 하여 부기를 가라앉힐 뿐 아니라 칼슘과 요오드 함량이 많고 흡수율이 높습니다. 섬유질의 함량 또한 많아서 장운동을 촉진시키며, 자극성이 적어 산모는 물론 누구에게나 몸에 좋은 식재료입니다.

미역국을 포함한 국물 요리에는 한국 음식의 으뜸 맛인 집간장을 사용하여야 전통의 맛을 제대로 즐길 수 있습니다.

미역

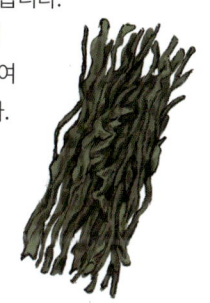
마른미역

1 마른미역을 물에 20분 정도 불린다.

깨끗이 씻는다.

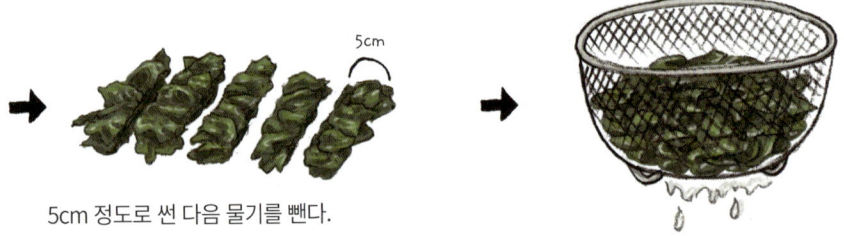

5cm 정도로 썬 다음 물기를 뺀다.

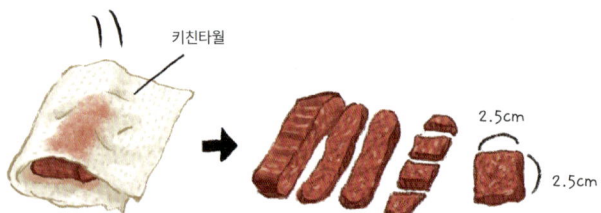

키친타월

2 소고기는 핏물을 닦고 얇게 썰어 둔다.

3 냄비에 참기름을 두르고 소고기를 넣어 볶는다.

고기가 색깔이 변하면 불린 미역을 넣고 충분히 더 볶는다.

냄비에 물을 붓고 끓인다.

끓으면 중불로 낮추어 15분 정도 끓인 다음 집간장으로 간하고 5분 더 끓인다.

여름에는 시원한 **미역냉국(미역찬국)**을 만들어 봅시다!

재료 2인분
마른미역 10g, 오이 1/2개,
집간장 2작은술, 물 3컵, 식초 1큰술

양념
집간장 1작은술, 다진 파 1작은술,
다진 마늘 1작은술, 설탕 1작은술,
참기름 1작은술, 깨소금 1/2작은술

미역은 불려서 깨끗이 씻고, 6~7cm 길이로 썬다.

물(3컵)은 끓여서 식힌다. 식힌 물에 집간장을 타서 냉장고에 넣어 차게 한다.

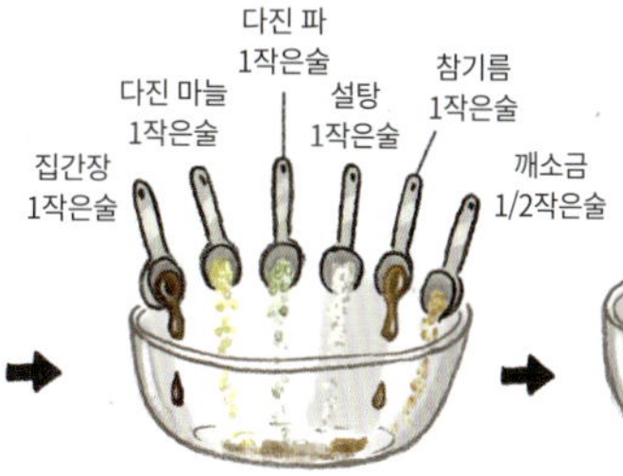

양념을 만든다.

오이는 채 썰어 양념한다.

미역과 오이를 함께 섞는다.

차게 만든 국물을 붓는다.

식초는 먹기 바로 전에 넣는다.

2장 부식 국

시금치된장국

Spinach Soybean Paste Soup

멸치 국물에 된장을 풀고 시금치를 넣어 끓인 국입니다. 소고기, 조개 등을 이용해 끓이기도 하며, 간을 맞출 때는 된장, 고추장, 집간장, 소금 등 어떤 것을 사용해도 좋습니다.

재료 및 분량 2인분

시금치
150g

마른 멸치(국물용)
20g

다시마
5 x 10cm

물 4컵

대파 5cm

된장 1큰술

다진 마늘
1/2작은술

집간장
적당량

국은 채소, 생선, 고기 등을 넣고 물을 많이 부어 국물의 양이 건더기보다 많게 끓인 것으로 반상차림에서 밥과 더불어 기본이 되는 음식입니다. 건더기 재료로는 시금치 대신 아욱, 근대, 얼갈이배추 등도 사용할 수 있어요.

아욱   근대   얼갈이배추

멸치
마른 멸치

멸치

멸치는 소금을 뿌려 염장 발효한 후 젓갈로 만들거나 말려서 사용합니다. 마른 멸치는 크기에 따라 용도가 다른데, 작은 멸치는 주로 볶음 요리에, 큰 멸치는 대부분 국물을 우려내는 데 쓰입니다. 통으로 먹는 경우도 많으며 칼슘 섭취를 위해 좋은 식품입니다.

1 시금치는 다듬어 씻은 후 이등분이나 삼등분한다.

2 멸치는 머리와 내장을 제거한다.

물 4컵

3 냄비에 물, 멸치, 다시마를 넣고 끓으면 1~2분 더 끓인 다음 불을 끄고 가라앉으면 체에 걸러 멸치 국물을 만든다.

된장
1큰술

4 멸치 국물에 된장을 풀고 끓어오르면 시금치를 넣고 5분 정도 더 끓인다.

다진 마늘
1/2작은술
집간장 적당량

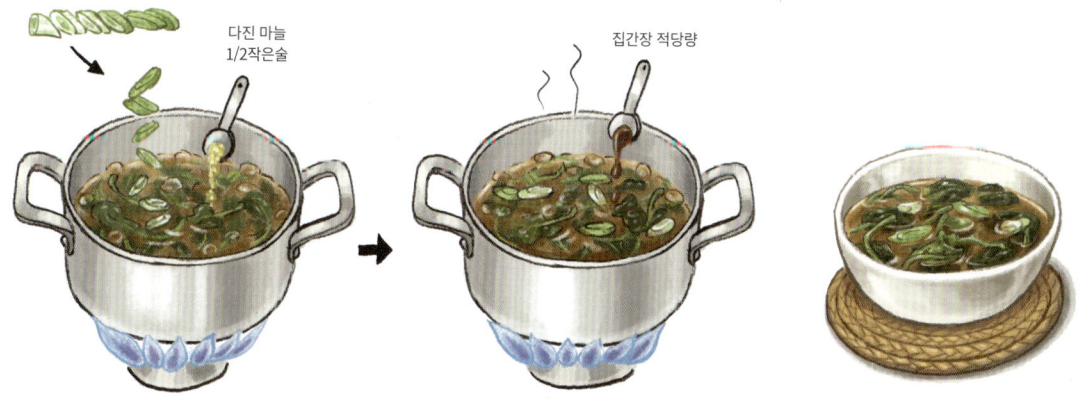

5 마지막에 어슷썰기 한 대파와 다진 마늘을 넣는다. 1~2분 끓이다가 집간장으로 간을 맞춘다.

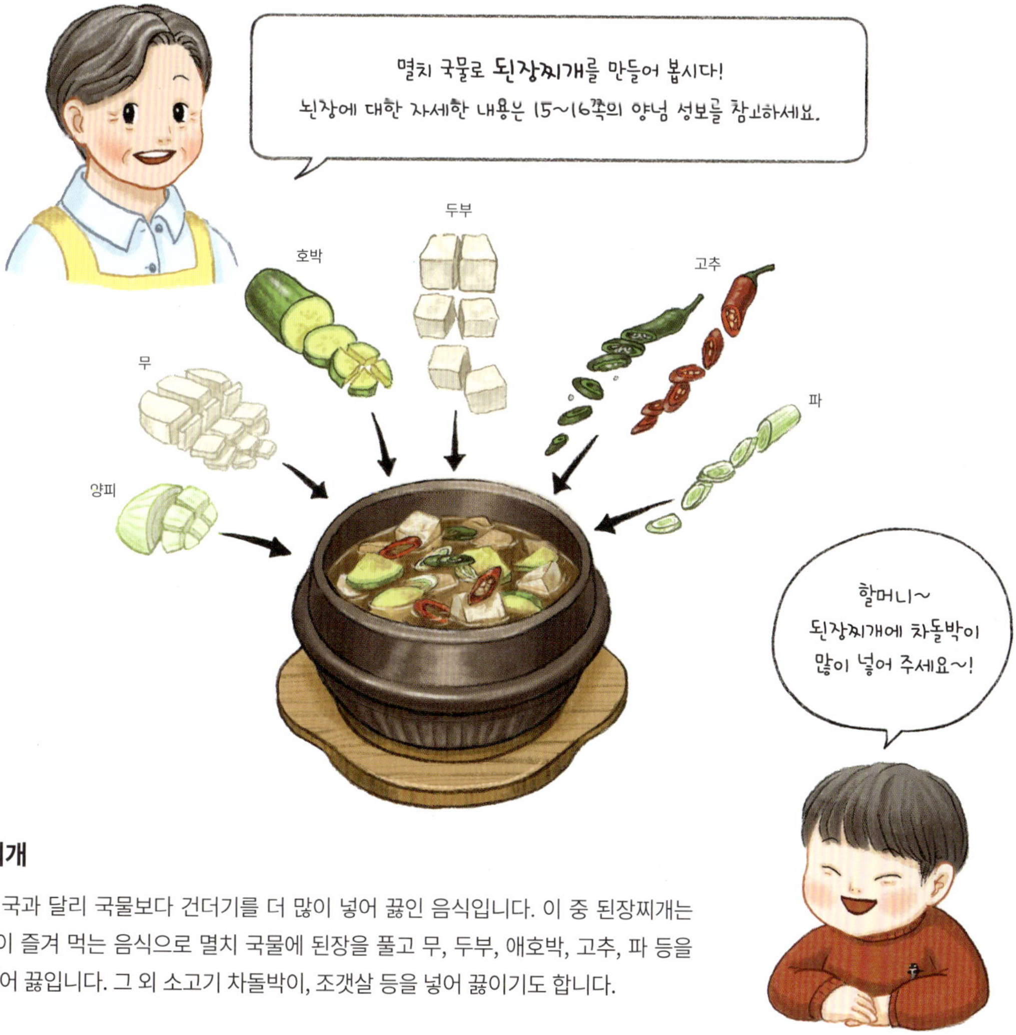
멸치 국물로 된장찌개를 만들어 봅시다!
된장에 대한 자세한 내용은 15~16쪽의 양념 정보를 참고하세요.
두부
호박
고추
무
파
양파
할머니~
된장찌개에 차돌박이
많이 넣어 주세요~!

된장찌개

찌개는 국과 달리 국물보다 건더기를 더 많이 넣어 끓인 음식입니다. 이 중 된장찌개는 한국인이 즐겨 먹는 음식으로 멸치 국물에 된장을 풀고 무, 두부, 애호박, 고추, 파 등을 썰어 넣어 끓입니다. 그 외 소고기 차돌박이, 조갯살 등을 넣어 끓이기도 합니다.

부식

반찬

반찬은 밥, 국과 함께 먹는 부식으로 찌개, 구이, 찜, 조림, 전, 볶음, 전골, 김치, 나물 등을 통틀어 말합니다. 한식은 한 상 위에 밥, 국과 그날 만든 반찬을 함께 차리는데, 찌개나 전골이 있을 경우 국을 생략하기도 합니다.

찌개 – 김치찌개, 순두부찌개

구이 – 너비아니, 두부구이

찜 및 조림 – 갈비찜, 매운닭찜, 고등어조림

전 – 김치전, 애호박전, 생선전, 육원전, 빈대떡, 해물파전

볶음 – 떡볶이, 제육볶음

전골 – 뚝배기불고기

김치 – 오이김치, 배추김치, 깍두기, 나박김치

삼색나물 – 콩나물, 시금치나물, 무생채

2장

부식

반찬

2장
부식
반찬

김치찌개

Kimchi Stew

김치찌개는 잘 익은 김치와 돼지고기를 넣고 푹 끓인 음식입니다. 돼지고기 대신 소고기나 해물을 넣기도 하는데 넣는 재료에 따라 색다른 맛을 느낄 수 있습니다. 김치찌개는 계절에 상관없이 쉽게 끓여 먹을 수 있는 한국의 대표적인 국물 요리입니다.

재료 및 분량 2인분

배추김치	돼지고기(삼겹살)	두부	대파	다시마
300g	100g	100g	10cm	5 x 10cm

식용유	설탕	다진 마늘	집간장	후춧가루	물 3컵
1큰술	2작은술	1작은술	1작은술	적당량	

김치찌개에는 발효가 잘 된 김치를 넣어야 맛있습니다.
또한, 김치와 함께 햄, 통조림 참치, 버섯, 양파, 풋고추 등을 넣기도 하죠.
특히 돼지고기를 넣을 때는 어느 부위든 다 괜찮지만 삼겹살을 가장 많이 사용합니다.
더 나아가 껍질이 있는 돼지고기를 사용하면 더욱 맛있지요.
기름기가 적은 돼지고기를 원한다면 지방과 살코기의 비율이 적당하고 부드러운 목살이나
지방이 적고 씹는 맛이 좋은 앞다리살이 적당합니다.

목살

앞다리살

찌개

국보다 국물은 적고 건더기는 많아 맛이 진합니다.
국물의 간은 고추장, 된장, 집간장 등 취향에 맞는 것을 사용하면 됩니다.

오이감정
고추장과 오이, 소고기를 넣고 끓인
궁중 찌개

차돌박이된장찌개
차돌박이를 넣어 끓인
된장찌개

동태찌개
동태와 두부, 무, 고춧가루 등을 넣고
집간장으로 간을 한 찌개

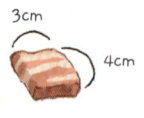

1 배추김치는 속을 털어 내고 4 x 5cm 정도로 썬다.

2 돼지고기는 3 x 4cm 정도로 도톰하게 썬다.

3 분량의 물에 다시마를 넣고 끓인 후 체에 걸러 국물을 준비한다.

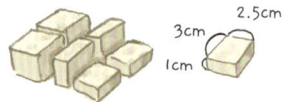

4 두부는 2.5 x 3 x 1cm 크기로 썬다.

5 파는 다듬어 씻어 0.3cm 정도의 두께로 어슷 썬다.

6 냄비에 식용유를 두르고 돼지고기를 넣어 볶는다.

고기의 색이 변하면서 익으면 배추김치를 넣고 더 볶는다.

다시마 국물을 붓고 설탕을 넣어 끓인다.

7 김치가 익으면 두부, 대파, 다진 마늘을 넣고 2~3분 끓인다.

마지막에 집간장, 후춧가루로 간을 맞춘다.

부대찌개를 만들어 봅시다!

부대찌개는 김치찌개에 소시지, 햄 등을 넣어 끓인 것입니다. 그 시작은 한국전쟁 후 미군 부대에서 나온 햄과 소시지를 이용해 끓여 먹은 것에서 비롯되었습니다.

조리법은 김치, 햄, 소시지, 두부, 통조림 콩 등을 넣고 다시마 국물을 부어 끓이다가 마지막에 대파, 다진 마늘, 쑥갓을 넣고 소금, 후추로 간하면 됩니다. 취향에 따라 콩나물, 양파, 버섯, 라면 사리, 우동 사리, 가래떡 등을 더해 끓여도 맛있습니다.

할머니~ 라면 사리 추가해 주세요!

할머니~ 저는 가래떡이요!

> 2장
> 부식
> 반찬

순두부찌개

Soft Bean Curd Stew

눌러서 모양을 만들지도, 단단하게 굳히지도 않은 두부인 부드러운 순두부에 돼지고기, 소고기, 조갯살 등을 넣고 끓인 음식입니다. 두부 제조 기술이 뛰어났던 우리 조상들은 다양한 조리법을 활용한 두부 요리를 즐겨 먹었습니다.

재료 및 분량 2인분

| 순두부 500g | 다진 돼지고기 50g | 식용유 1큰술 | 소금 적당량 | 물 1컵 | 대파 5cm |

양념

| 집간장 1큰술 | 고춧가루 1큰술 | 참기름 1큰술 | 다진 파 1작은술 | 다진 마늘 1작은술 |

두부

두부는 콩 속에 들어 있는 단백질을 추출하여 간수로 응고시킨 식품으로 우리나라에 언제 전래되었는지 정확한 시기는 알 수 없지만 고려 말에 원나라로부터 전해졌을 것으로 추측됩니다.

제조법에 따라 찌개용 두부, 부침용 두부, 튀김두부(유부), 순두부, 연두부 등이 있습니다.(81쪽 참고)

여보! 순두부찌개 만드는 법 좀 가르쳐 줘요.

그래요~ 당신이 좋아하는 음식이니 배워 보는 것도 좋겠네요. 그럼 우선 재료를 사 오세요.

1 순두부는 포장째 반으로 잘라 체에 쏟아부어 물기를 제거한다.

2 대파는 0.2cm 두께로 둥글게 썰어 둔다.

3 양념 재료를 섞어 둔다.

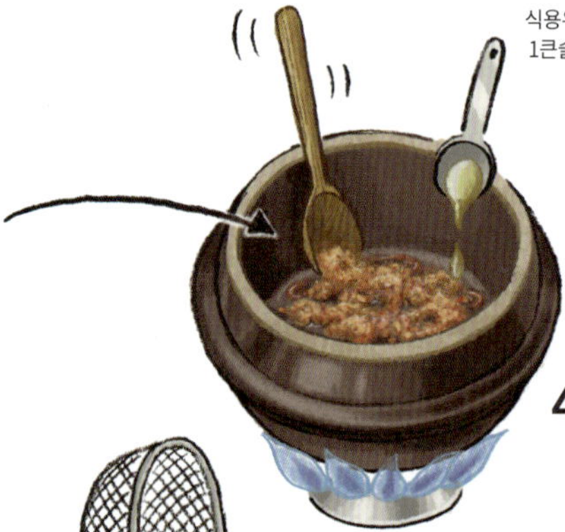

집간장 1큰술 / 고춧가루 1큰술 / 참기름 1큰술 / 다진 파 1작은술 / 다진 마늘 1작은술

4 뚝배기에 식용유를 두르고 다진 돼지고기와 양념을 넣어 볶는다.

식용유 1큰술

5 물을 붓는다.

물 1컵

끓으면 순두부를 넣는다.

다시 끓으면 소금으로 간을 맞춘다.

마지막에 썰어둔 대파를 올려서 낸다.

슈퍼마켓에서 살 수 있는 두부의 종류

찌개용 두부

부침용 두부

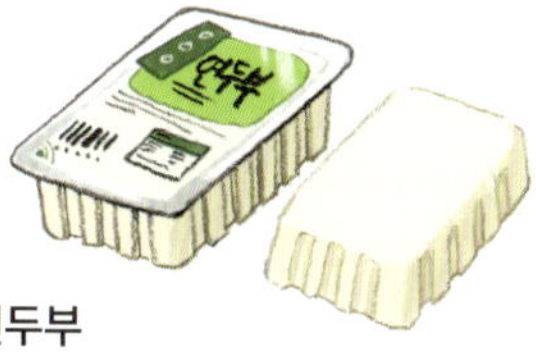

연두부
양념을 뿌려 먹기도 합니다.

유부
튀김두부로 유부초밥, 우동 등에 사용합니다.

순두부

남은 두부 보관법

두부는 수분이 많아 상하기 쉬우므로 구매 후 되도록 빨리 조리하는 것이 좋습니다. 그래도 남으면 밀폐 용기에 물과 함께 담아 냉장 보관하세요.

2장
부식
반찬

너비아니

Marinated Grilled Beef Slices

'너비아니'는 궁중과 서울의 양반가에서 쓰던 말로 고기를 너붓너붓 썰었다고 하여 붙여진 이름입니다. 소고기를 넓고 도톰하게 저민 후 양념하여 구운 것으로 한식 소고기 구이의 대표 격이라 할 수 있습니다.

고구려시대에 고기를 미리 양념에 재었다가 구워 먹는 '맥적'이라는 음식이 있었는데 이것이 바로 너비아니의 원조라 할 수 있습니다. 너비아니는 한국인에게 오랫동안 사랑받아 온 소고기 요리로 외국인들도 좋아하는 우리 음식입니다.

재료 및 분량 2인분

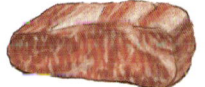
소고기(채끝살)
300g

잣
1작은술

식용유
적당량

양념

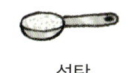
양조간장
2큰술

설탕
1큰술

꿀
1큰술

다진 파
2큰술

다진 마늘
1큰술

깨소금
2작은술

후춧가루
적당량

참기름
2작은술

배즙
2큰술

너비아니에는 소고기 채끝살을 사용하는 것이 가장 좋습니다. 채끝살은 지방이 적고 육질이 연해 양념을 해서 굽는 너비아니 요리에 적합하기 때문입니다. 또한 육질이 연하며 풍미가 좋은 등심이나, 지방이 적고 부드러운 안심을 사용해도 좋습니다. 소고기는 결의 반대 방향으로 썰어야 연하며, 냉동된 고기는 녹인 후 핏물을 닦아서 양념해야 합니다. 소고기가 질기다면 설탕이나 배즙을 살짝 뿌려 연하게 만드세요.

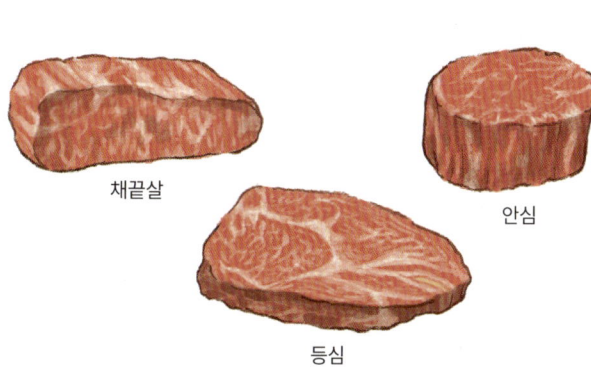

채끝살

안심

등심

석쇠

숯불

처음에는 센 불에서 굽다가 점차 불을 줄여 타지 않으면서도 부드럽게 굽습니다. 또한 숯불에 석쇠를 얹어 직화로 구우면 프라이팬에 굽는 것보다 향도 좋고 더 맛있습니다.

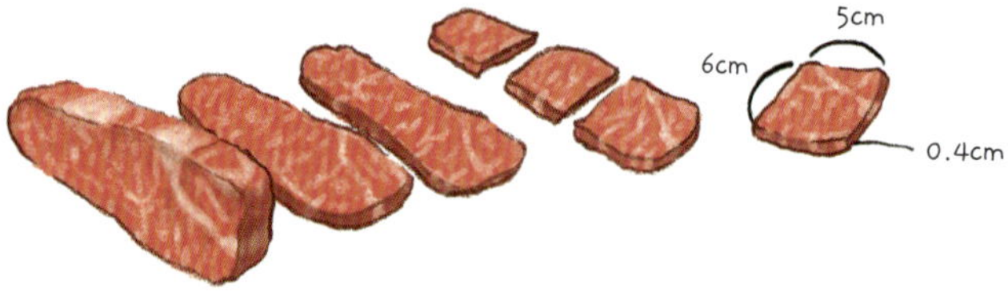
5cm
6cm
0.4cm

1 소고기는 핏물을 닦고 두께 0.4cm
가로세로 5 x 6cm 정도로 썬다.

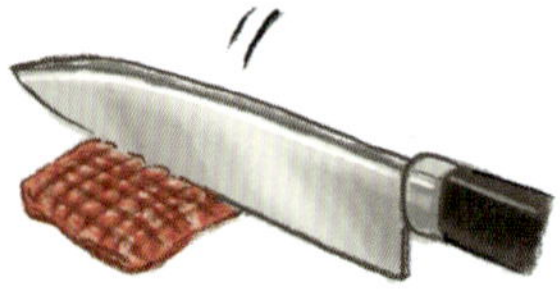

2 칼로 자근자근 두드린다.

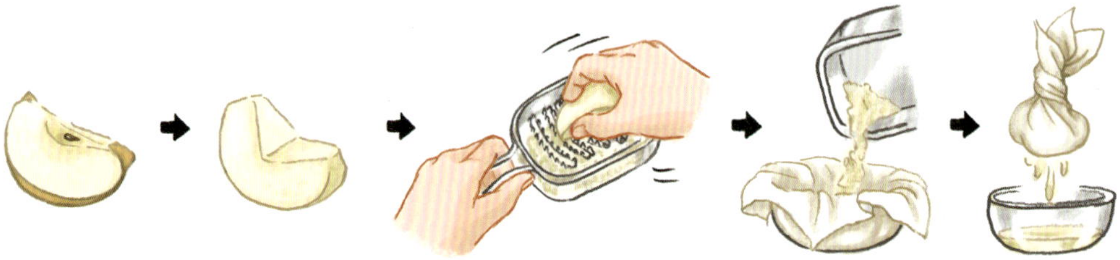

3 배는 껍질을 깎고 강판에 갈아 면포에 넣고 짜서 배즙을 만든다.(20쪽 참고) 배즙이 없으면 설탕을 아주 조금만 뿌려 준다.

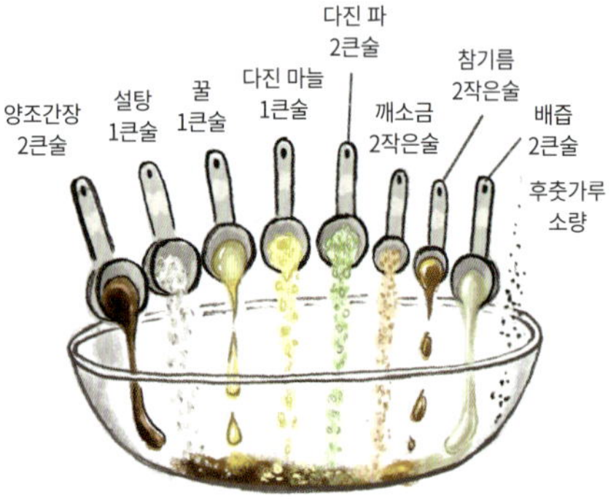
양조간장
2큰술
설탕
1큰술
꿀
1큰술
다진 마늘
1큰술
다진 파
2큰술
깨소금
2작은술
참기름
2작은술
배즙
2큰술
후춧가루
소량

4 양념을 만든다.

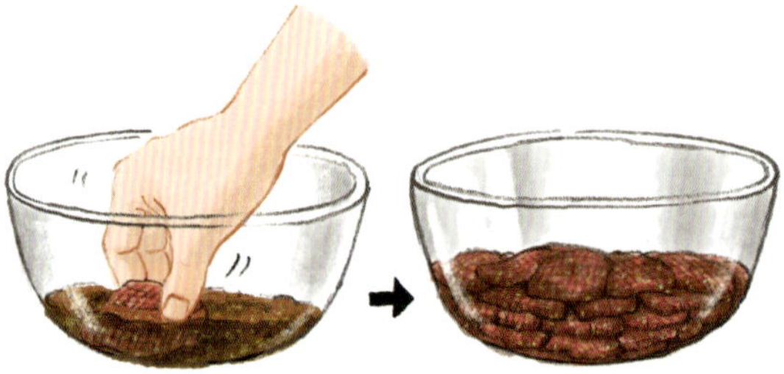

5 양념에 고기를 한 장씩 담가 골고루 맛이 배도록 재어 둔다.

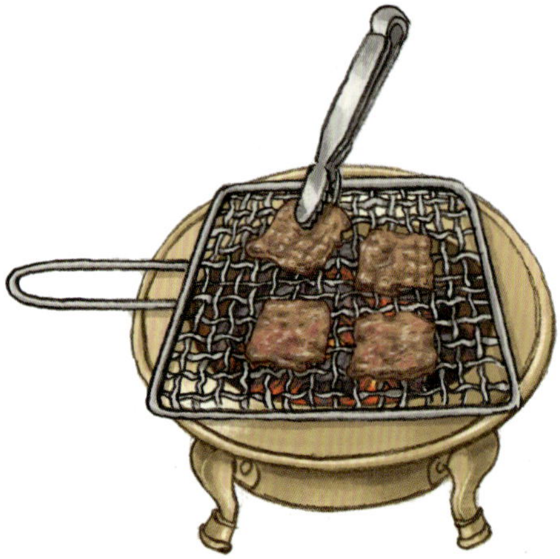

또는

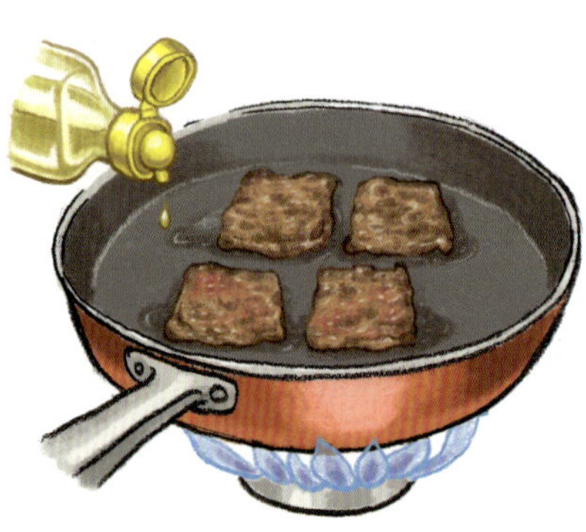

6 석쇠 또는 프라이팬에 식용유를 살짝 바르고 고기를 가지런히 놓고 굽는다.
(전기 그릴이나 가스 그릴에 구워도 된다.)

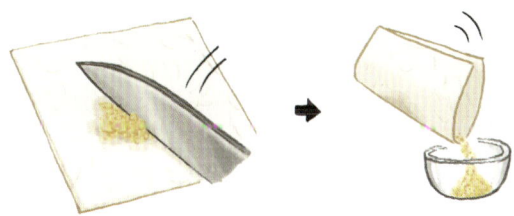

7 한지 위에 잣을 올려 곱게 다져 잣가루를 만든다. (22쪽 참고)

8 구운 소고기를 접시에 담고 잣가루를 뿌려 낸다.
(잣이 없으면 생략해도 된다.)

"맛이 불고기와 거의 비슷한데, 불고기와 너비아니의 차이가 뭐예요?"

"불고기는 기계로 아주 얇게 썬 소고기를 사용하고, 너비아니는 그보다는 조금 더 도톰하게 썬 소고기를 사용하지."

"아~ 고기의 두께 차이네요."

"할머니~ 그럼 스테이크와 너비아니는 어떻게 달라요?"

"스테이크와 너비아니는 고기의 두께도 다르지만 소스를 언제 넣는지도 다르지. 스테이크는 고기를 구운 다음에 소스를 뿌리고, 너비아니는 미리 양념에 재어 놓았다가 굽거든."

"너비아니와 스테이크에 사용하는 양념 자체도 달라. 너비아니 양념은 간장, 설탕, 파, 마늘, 깨소금, 참기름, 후추로 만들고, 스테이크 소스에는 밀가루, 버터, 양파, 당근, 셀러리, 토마토, 월계수 잎, 소금, 후추 등이 들어가거든. 같은 소고기 요리여도 양념이 다르다 보니 맛과 향까지 다르단다."

2장
부식
반찬

두부구이

Pan-fried Bean Curd

두부의 물기를 제거한 후 팬에 기름을 두르고 노릇하게 구워 간장 양념장을 찍어 먹는 음식으로 조리하기도 쉽고 식물성 단백질 섭취에도 좋은 음식입니다.

재료 및 분량 2인분

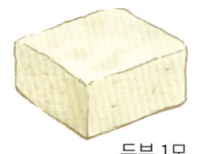
두부 1모
(300g)

소금
1작은술

식용유
1큰술

양념장

양조간장
2큰술

식초
1큰술

설탕
1작은술

다진 파
1작은술

다진 마늘
1/2작은술

참기름
1작은술

고춧가루
적당량

깨소금
적당량

두부구이로 **두부조림**을 만들어 보세요!

두부구이를 프라이팬이나 냄비에 담고 식초를 뺀 양념장을 끼얹은 후 물을 조금 부어 뚜껑을 덮은 채 살짝 익히면 두부조림이 됩니다. 짭조름한 두부조림은 밥반찬으로 많이 먹습니다.

양념이 잘 배어서 부드럽고 밥이랑 같이 먹기 딱 좋아요.

87

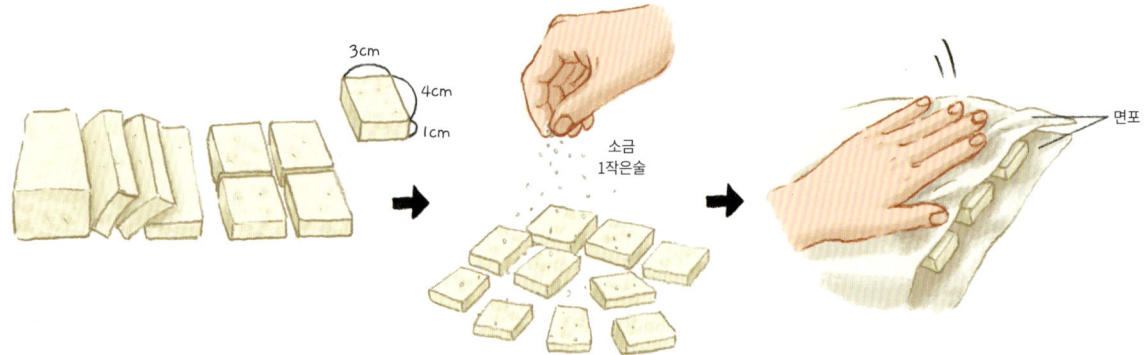

1 두부는 3 x 4cm 크기, 1cm 두께로 썰어 소금을 살짝 뿌려 두었다가 물기를 닦는다.

2 프라이팬에 식용유를 두르고 두부를 넣어 양면을 노릇노릇하게 굽는다. (프라이팬을 살살 흔들면서 구우면 바닥에 눌어붙지 않는다.)

3 양념장 재료를 섞어서 양념장을 만든다.

4 접시에 담고 양념장을 곁들여 내거나 위에 양념을 살짝 끼얹어 낸다.

두부 만들기

흰콩은 되도록 햇것으로 골라서 씻고 물에 담가 7~8시간 정도 충분히 불려서 건진다.

물을 충분히 넣어 주면서, 불린 콩을 맷돌에 곱게 간다.

간 콩을 솥에 넣어 끓인다.

끓인 콩물을 무명 자루에 담아서 꼭 짠다.

짜낸 액체인 두유만 솥에 담고 나무주걱으로 저으면서 서서히 끓인다.

충분히 끓인 두유에 간수를 넣는다. 간수는 두부가 엉기는 정도를 보아 가며 조금씩 넣는다.

두부 틀에 면포를 깔고 엉긴 순두부를 담는다.

두부를 면포로 싸서 뚜껑을 덮고 무거운 것으로 눌러 굳힌다.

굳은 두부를 적당한 크기로 썬다.

2장
부식
반찬

갈비찜

Braised Short Ribs

　토막 낸 소갈비를 이용해 만드는 찜 요리인 갈비찜은 값비싼 한우로 만들기 때문에 주로 명절이나 잔치 같은 특별한 날에 먹던 고급 음식입니다. 어린 암소 갈비로 만들면 육질이 더 연하고 맛있는데 요즘은 돼지갈비도 많이 사용합니다.
　갈비찜은 국물이 적당히 남아 있으면서 약간 싱거운 듯 단맛이 나야 맛있습니다. 찜을 하는 과정에서 고기가 푹 익기 때문에 쉽게 떼어 먹을 수 있습니다.

재료 및 분량 2인분

소갈비 500g (5cm 정도로 토막 낸 것) · 건표고 5g · 당근 50g · 양파 100g · 달걀 2개 · 미나리(줄기) 15g

은행 4알 · 대추 10g · 밤 4개 · 잣 1작은술 · 밀가루 1큰술 · 식용유 적당량 · 물 2컵

양념

양조간장 4큰술 · 다진 파 3큰술 · 다진 마늘 1 1/2큰술 · 설탕 2큰술 · 참기름 1큰술 · 깨소금 1큰술

후춧가루 적당량 · 생강즙 1작은술 · 배즙 4큰술

갈비는 5cm 정도의 토막으로 자른 것을 준비하세요.
양파는 누린내를 없애고 맛을 돋우는 역할을 하므로 처음부터 넣는데,
무를 함께 넣어도 맛있답니다.

소갈비 대신 돼지갈비를 사용해서 돼지갈비찜을 만들 수 있습니다.
감자, 홍고추 등을 추가해도 좋습니다. 조리법은 소갈비찜과 같은데,
갈비에 바로 물을 붓지 않고 양념한 돼지갈비를 냄비에서 갈색이 될 때까지
먼저 볶은 다음에 물을 부어 끓이도록 합니다.

돼지갈비찜

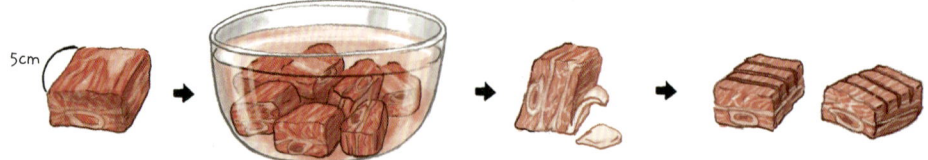

1 갈비는 찬물에 30분 정도 담가 핏물을 뺀 후 건져 기름기를 떼어 내고 칼집을 넣는다.

2 갈비가 겨우 잠길 정도의 물을 불에 올려 끓으면 갈비를 넣는다. 다시 끓기 시작할 때 갈비를 건진다.

3 생강은 껍질을 벗겨 강판에 갈아 면포에 넣고 짜서 생강즙을 낸다. 배즙도 같은 방법으로 만든다.(20쪽 참고) 배즙이 없으면 설탕 1작은술을 더 넣는다.

4 양념장을 만든다.   갈비를 양념장에 골고루 버무려 10분 정도 둔다.   **5** 표고는 씻어 물에 불려 기둥을 떼어 내고 서너 쪽으로 썬다.

6 당근은 껍질을 벗겨 길이 4cm 정도로 썰어 사등분하거나 마구 썰기로 썰어 모서리는 도려낸다.

7 양파는 손질하여 네 쪽으로 썬다.

8 밤은 겉껍질과 속껍질을 벗긴다.

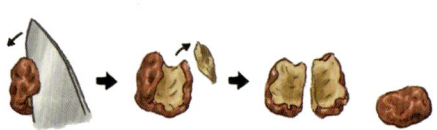

9 대추는 씨를 빼서 반쪽으로 썬다.

10 은행은 프라이팬에 식용유를 살짝 두르고 파랗게 볶아 키친타월에 싸서 문질러 속껍질을 벗긴다.

11 달걀은 황백지단을 부쳐 마름모꼴로 썬다.(21쪽 참고)

12 미나리는 줄기만 꼬챙이에 가지런히 꿰어 밀가루, 달걀을 입혀서 프라이팬에 식용유를 두르고 부친다. 꼬챙이를 빼고 마름모꼴로 썬다.(155쪽 참고)

13 두꺼운 냄비에 양념한 갈비, 양파를 넣고 물을 부어 뚜껑을 덮고 센 불에서 끓인다.

끓으면 중불로 낮추어 20분 끓인다.

고기가 익으면 밤, 은행, 대추, 버섯, 당근을 넣는다.

국물을 끼얹어 주면서 약불에서 10분 더 끓인다.

찜 그릇에 갈비와 채소를 담고, 황백지단, 미나리초대로 장식한 후 잣을 뿌려 낸다.

2장
부식
반찬

매운닭찜

Spicy Braised Chicken

먹기 좋은 크기로 토막 내어 기름기를 제거한 닭고기와 다양한 채소에 고추장과 고춧가루로 만든 양념을 넣어 조린 매콤달콤한 음식입니다. 닭찜은 원래 간장으로 양념하는 음식이었으나 최근에는 매운맛을 선호하는 사람들의 입맛에 따라 매운닭찜이 더 인기입니다.

재료 및 분량 3~4인분

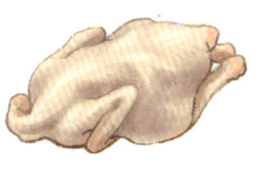 닭고기 800g (1마리)

 홍고추 1개

 당근 100g

 감자 150g

 양파 100g

풋고추 1개

 식용유 1큰술

 물 1 1/2컵

양념

 고추장 1큰술

 고춧가루 2큰술

 양조간장 4큰술

 설탕 3큰술

 참기름 1큰술

 다진 파 4큰술

 다진 마늘 2큰술

 생강즙 2작은술

 후춧가루 1/2작은술

> 요즘은 '닭볶음탕'이라고도 불리며 특히 젊은 층에게 인기가 많습니다. 매운맛을 내는 고추장과 고춧가루 대신 양조간장 2작은술을 넣으면 '찜닭'이라고도 부르는 간장 맛의 닭찜을 만들 수 있습니다. 닭볶음탕에는 납작한 당면을 넣어도 맛있답니다.

찜닭

1 닭고기는 5cm 정도로 토막을 내서 잔칼집을 넣는다. 끓는 물에 데친 다음 찬물에 헹궈 기름기를 뺀다.

2 파, 마늘을 곱게 다진 다음 양념장을 만든다. 1의 닭고기를 양념장의 반을 넣어 버무려 둔다.

3 홍고추, 풋고추는 어슷 썰어 씨를 털어 낸다.

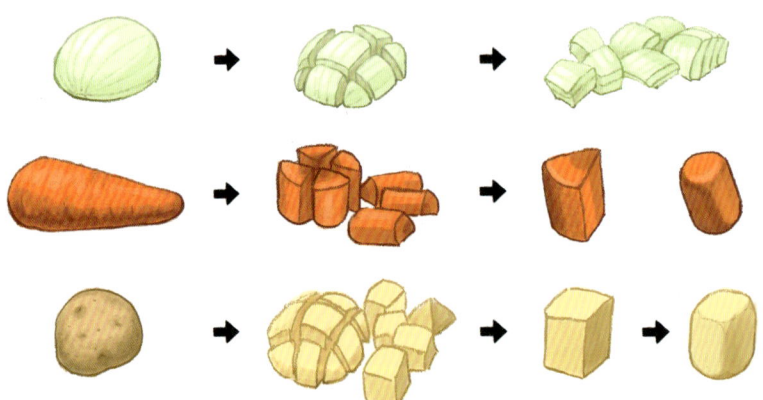

4 양파, 당근, 감자는 한입 크기로 큼직하게 썰고, 당근, 감자의 모서리는 다듬는다.

5 냄비에 식용유를 두르고 닭고기를 살짝 볶는다.

물을 붓고 뚜껑을 덮어 중불에서 10분 정도 익힌다.

6 닭고기가 반쯤 익으면 나머지 양념장과 당근, 감자, 양파, 홍고추, 풋고추를 넣는다.

뚜껑을 덮어 10분 정도 익힌다.

마지막에 뚜껑을 열어 약한 불에 국물이 조금 남을 때까지 조린다.

매운닭찜 국물을 조금 남겨 밥과 김 가루, 참기름, 잘게 썬 쪽파, 김치를 넣어 볶으면 맛있는 볶음밥이 됩니다. 특히 볶음밥을 냄비 바닥에 눌어붙게 하여 누룽지처럼 먹으면 더 맛있습니다.

2장
부식
반찬

고등어조림

Braised Mackerel

비교적 가격이 저렴한 고등어는 한국인이 즐겨 먹는 생선으로 주로 굽거나 조려서 먹습니다. 고등어조림은 냄비에 고등어와 무, 다시마 국물 넣은 후 매운 양념을 끼얹어 조린 음식으로 이러한 조림 요리법은 어떤 종류의 생선과도 잘 어울려 일반 가정은 물론 식당에서도 많이 활용됩니다.

재료 및 분량 2인분

생고등어 500g
(1마리)

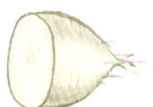
무 300g

홍고추
1개

풋고추
1개

대파
10cm

양념

집간장
1큰술

양조간장
2큰술

참기름
1큰술

고춧가루
1큰술

고추장
1큰술

청주
2큰술

다진 마늘
1큰술

설탕
1큰술

다진 생강
1작은술

깨소금
1작은술

다시마 국물

물 2컵

다시마 5 x 10cm

갈치, 삼치, 꽁치 등도 같은 방법으로 조릴 수 있습니다. 무 대신 감자를 넣어도 되고요. 매운맛을 싫어한다면 고춧가루와 고추장을 빼고 대신 간장의 양을 조금 늘려 맵지 않은 간장 조림으로 만들어 보세요.
또한 생고등어에 소금을 뿌려 염장한 자반은 구이로 즐겨 먹습니다.
고등어를 구이용으로 손질하는 방법은 100쪽을 참고하세요.

고등어구이

김치고등어조림

냄비에 무 대신 김치를 깔고 위에 고등어를 올린 후 다시 국물을 부어 조리면 김치고등어조림이 됩니다.

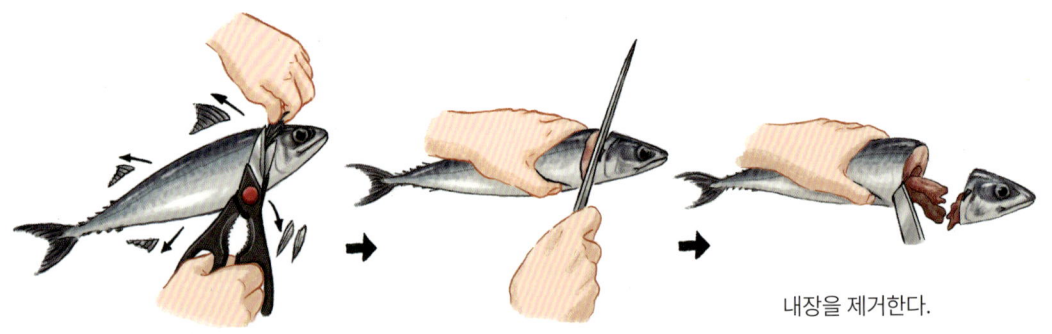

내장을 제거한다.

1 가위로 지느러미를 잘라 낸다. 　　머리를 자른다.

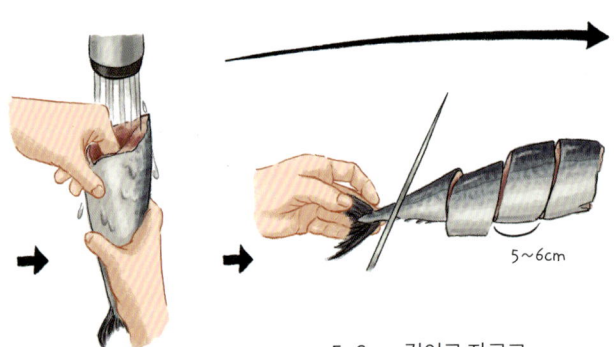

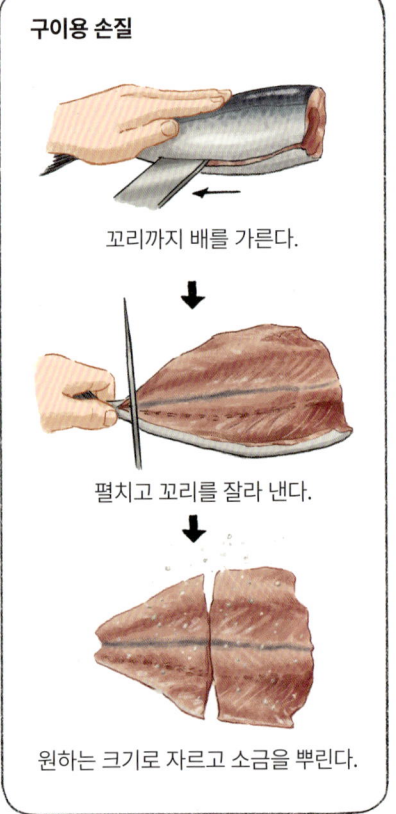

구이용 손질

꼬리까지 배를 가른다.

펼치고 꼬리를 잘라 낸다.

원하는 크기로 자르고 소금을 뿌린다.

흐르는 물에 깨끗이 씻는다.　　5~6cm 길이로 자르고 꼬리도 잘라 낸다.

2 무는 0.8cm 정도 두께로 썰고 사등분한다.
무가 작으면 반달 모양으로 썬다.

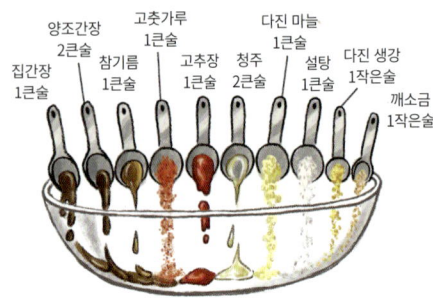

집간장 1큰술 / 양조간장 2큰술 / 참기름 1큰술 / 고춧가루 1큰술 / 고추장 1큰술 / 청주 2큰술 / 다진 마늘 1큰술 / 설탕 1큰술 / 다진 생강 1작은술 / 깨소금 1작은술

3 양념 재료를 섞어 양념장을 만든다.

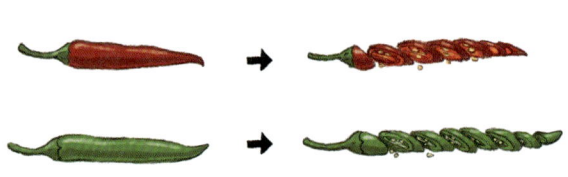

4 홍고추, 풋고추를 어슷 썬다.

5 대파를 어슷 썬다.

6 두꺼운 냄비에 무를 깔고 다시마를 넣고 물을 부어 끓인다.

물이 끓으면 불을 끄고 다시마를 건져 낸다.

고등어를 넣고 양념장을 끼얹는다.

뚜껑을 비스듬히 덮고 센 불로 끓인다. 국물이 끓으면 중불로 낮추어 10분 정도 끓인다.

홍고추, 풋고추, 대파를 넣는다.

뚜껑을 열고 불을 약하게 한 후 생선 위에 국물을 자주 끼얹어 주면서 10분 더 조린다.

> 2장
> 부식
> 반찬

김치전

Kimchi Pancake

밀가루 반죽에 송송 썬 김치, 풋고추, 채 썬 양파를 넣고 섞은 후 식용유를 두른 팬에 둥글납작하게 지진 음식입니다. 김치는 반상차림의 기본 찬이기도 하지만 김치를 활용해 만든 김칫국, 김치전, 김치볶음밥 등 다양한 음식의 재료로도 이용됩니다.

재료 및 분량 지름 20cm 2장

초간장

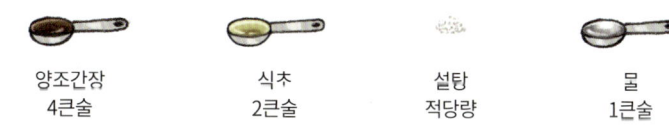

김치볶음밥을 만들어 봅시다!

식용유를 두른 팬에 김치, 돼지고기, 양파를 다져 넣고 볶다가 어느 정도 익으면 밥을 넣은 다음, 소금, 후춧가루로 간하고 마지막에 참기름을 조금 넣어 살짝 볶아 마무리하면 김치볶음밥이 됩니다.

김치볶음밥에는 곡류, 동물성 단백질, 채소류, 발효된 김치가 다양하게 들어 있어 영양 면에서도 좋습니다. 또한, 애호박, 당근, 버섯, 소고기, 햄 등을 넣어도 좋습니다.

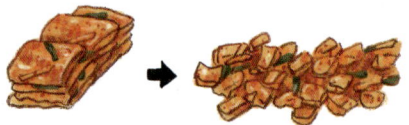

1 김치는 잘게 썬다.

2 양파는 채 썰고, 풋고추는 굵게 다진다.

3 김치, 양파, 풋고추, 돼지고기에 밀가루, 달걀, 소금, 물을 넣고 섞는다.

4 프라이팬에 식용유를 넉넉히 두르고, 반죽을 반 정도 떠 넣고 넓게 펴서 익으면 뒤집어서 반대쪽도 익힌다.

또는

반죽을 조금씩 떠서 작게 부치기도 한다.

5 먹기 좋은 크기로 잘라 접시에 담는다.

6 초간장을 만든다.

7 접시에 담아 초간장에 찍어 먹는다.

김치의 형태가 살아있어 더 맛있는 **김치적**을 만들어 봅시다.

1 통배추김치를 꼭 짜서 길이 10cm, 너비 1.5cm 정도로 썰고, 소고기도 김치와 같은 크기로 썰어 양념하고 프라이팬에 굽는다. 연한 대파나 쪽파도 같은 크기로 썬다. 꼬챙이에 차례로 꿴다.

2 밀가루를 묻히고 달걀옷을 입힌다.

3 프라이팬에 식용유를 넉넉히 두르고 앞뒤로 굽는다. 꼬챙이를 빼고 접시에 담는다.

> 2장
> 부식
> 반찬

모둠전
(애호박전, 생선전, 육원전)
Assorted Savory Pancakes

육류나 어패류 또는 채소류 등의 다양한 재료를 얇게 저미거나 다져서 둥글게 빚은 후 밀가루와 달걀을 씌워 기름에 부친 음식으로 잔치나 명절 같은 특별한 날에 빠지지 않고 즐겨 먹는 음식입니다.

재료 및 분량 4인분

애호박전
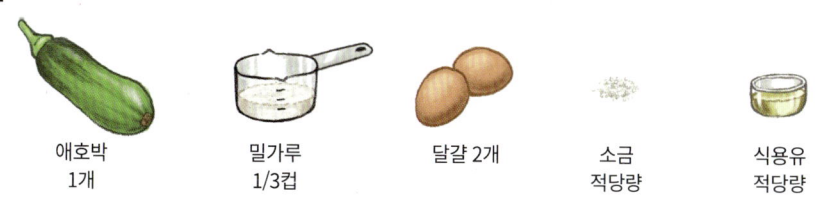
애호박 1개 | 밀가루 1/3컵 | 달걀 2개 | 소금 적당량 | 식용유 적당량

생선전

대구살 200g | 밀가루 1/3컵 | 달걀 2개 | 소금 적당량 | 후춧가루 적당량 | 식용유 적당량

육원전

다진 소고기 200g | 두부 50g | 밀가루 1/3컵 | 달걀 2개 | 식용유 적당량
소금 1작은술 | 참기름 1작은술 | 다진 파 1큰술 | 다진 마늘 1작은술 | 후춧가루 적당량

초간장

양조간장 4큰술 | 식초 2큰술 | 물 1큰술 | 설탕 적당량

전과 적

전: 재료를 얇게 썰어 밀가루와 달걀을 묻히고 기름에 지진 음식입니다. 전의 재료로는 흰살생선, 풋고추, 표고, 고구마, 무, 배추 등이 있습니다.

적: 재료를 썰어 양념한 뒤 꼬챙이에 꿰어 지진 음식입니다. 적의 종류에는 산적, 누름적, 지짐누름적이 있습니다.

산적
익히지 않은 재료를 각각 같은 크기로 썰어 양념을 한 후 꼬치에 꿰어 굽습니다.

떡산적

지짐누름적
재료를 익힌 뒤 꼬치에 꿰어 밀가루를 묻히고 달걀을 씌워 전 부치듯 지집니다.

지짐누름적

누름적
재료를 미리 익힌 뒤 꼬치에 꿰웁니다.

화양적

애호박전

1 애호박은 0.5cm 두께로 둥글게 썰어 소금을 살짝 뿌려 두었다가 물기가 생기면 면포로 닦는다.

2 달걀을 잘 풀어 놓는다.

3 애호박에 밀가루를 묻힌 뒤 달걀옷을 입힌다.

4 프라이팬에 식용유를 넉넉히 두르고 뜨거워지면 양면을 노릇하게 지진다.

생선전

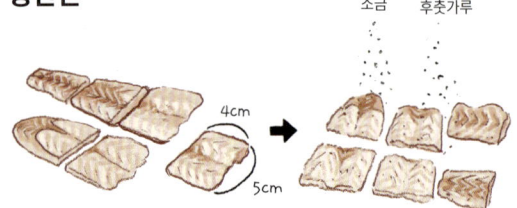

1 흰살생선은 4 x 5cm 크기로 썰어 소금, 후춧가루를 살짝 뿌린다.

2 소금이 녹으면 면포로 물기를 닦는다.

3 달걀을 잘 풀어 놓는다.

4 밀가루를 묻히고 달걀옷을 입힌다.

5 프라이팬에 식용유를 넉넉히 두르고 뜨거워지면 양면을 노릇하게 지진다.

육원전

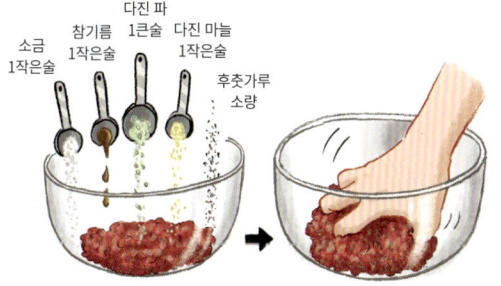

1 다진 소고기는 양념을 넣어 잘 치댄다.

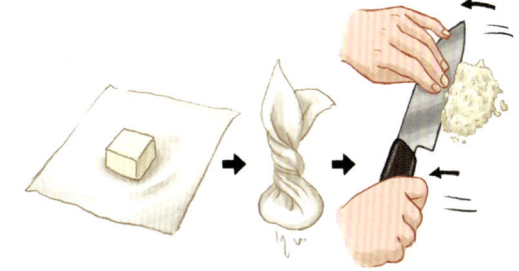

2 두부는 면포로 물기를 짜고 칼로 곱게 으깬다.

3 소고기, 두부를 섞어 직경 3~5cm, 두께 1cm 정도로 둥글납작하게 빚는다.

4 달걀을 잘 풀어 놓는다.

5 밀가루를 묻히고 달걀옷을 입힌다.

6 프라이팬에 식용유를 넉넉히 두르고 뜨거워지면 양면을 노릇하게 지진다.

7 초간장 재료를 섞어 초간장을 만든다.

세 가지 전을 한 그릇에 담고 초간장을 곁들여 낸다.

빈대떡

Mung Bean Pancake

녹두를 갈아 부친 음식으로 기름을 듬뿍 넣고 지져야 더 고소하고 맛있습니다. 옛날에는 팥소나 밤소를 넣어 떡처럼 만드는 음식이었으나, 지금은 돼지고기, 소고기, 김치, 숙주, 버섯 등을 넣어서 만듭니다. 특히 한국의 전통 발효주인 막걸리와 잘 어울립니다.

재료 및 분량 2인분

거피한 녹두 2컵	물 1컵	소금 1/2작은술	후춧가루 적당량	대파 5cm
다진 소고기 100g	배추김치 100g	숙주 100g	느타리버섯 50g	식용유 적당량

소고기 양념

양조간장 1작은술	다진 파 1큰술	다진 마늘 1작은술	참기름 1작은술	깨소금 적당량	후춧가루 적당량

초간장

양조간장 4큰술	물 1큰술	식초 2큰술	고춧가루 1작은술	설탕 적당량

녹두

예로부터 녹두는 체내의 독성 물질을 배출시키는 천연 해독제이자 신진대사를 촉진시키는 건강 식재료로 알려져 있습니다. 녹두는 빈대떡, 청포묵, 떡고물, 녹두차 등 다양한 음식에 사용되며, 물을 주며 기르면 싹이 자라 우리가 아는 바로 그 '숙주'가 됩니다.

빈대떡의 유래

조선시대에는 흉년이 들면 서울 남대문 밖에 많은 유랑민들이 모여 들었습니다. 당시의 세도가들은 빈대떡을 만들어 소달구지에 싣고 와 유랑민들에게 나누어 주었는데, 그로 인해 '가난한 사람을 위한 떡'이란 의미로 '빈자떡'으로 불렸습니다.

하지만 지금은 '빈대떡'으로 달리 불리고, 재료도 원래의 속 재료인 달콤한 소가 아닌 고기나 채소를 넣어 전의 형태로 부칩니다.

빈자떡(빙자)

1 녹두는 세 시간 이상 물에 불린 다음 남아 있는 껍질을 깨끗이 벗기면서 씻는다.

체에 건져 물기를 뺀 다음 물 1컵을 부어 믹서에 간다.

2 다진 소고기는 소고기 양념을 넣어 섞는다.

3 김치는 채 썬다.

4 대파는 잘게 썬다.

5 숙주는 끓는 물에 데치고 손으로 살짝 짜서 잘게 썬다.

6 느타리버섯은 끓는 물에 데치고 손으로 살짝 짜서 잘게 썬다.

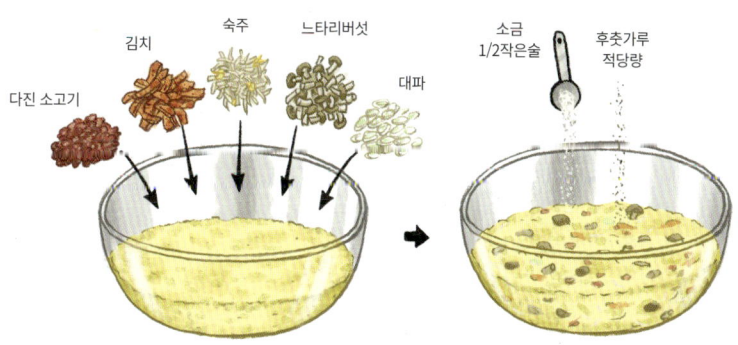

7 1의 녹두 간 것에 소고기, 김치, 숙주, 느타리버섯, 대파를 섞고 소금, 후춧가루로 간을 한다.

9 초간장을 만든다.

8 프라이팬에 식용유를 두르고 한 국자씩 직경 7~8cm 정도 되게 떠 넣어 양면을 노릇노릇하게 굽는다.

10 따뜻할 때 접시에 담아 초간장을 곁들여 낸다.

전과 어울리는 술, 막걸리

막걸리는 쌀과 누룩으로 술을 빚어 발효시킨 후 체에 걸러 낸 것입니다. 이 과정에서 쌀알이 작게 부서지며 뿌옇고 탁하게 되는데, 알코올 성분이 적고 빛깔이 탁하다고 하여 '탁주', 또는 막 거른 술이라 하여 '막걸리'라고 불립니다.

> 2장
> 부식
> 반찬

해물파전

Seafood and Green Onion Pancake

쪽파나 실파를 밀가루 반죽과 섞은 전 위에 기호에 따라 오징어, 조갯살, 새우, 굴 등의 해산물을 올려 기름에 지진 음식으로 특히 파의 향과 각종 해산물에서 우러나는 감칠맛이 잘 어울립니다.

재료 및 분량 지름 20cm 2장

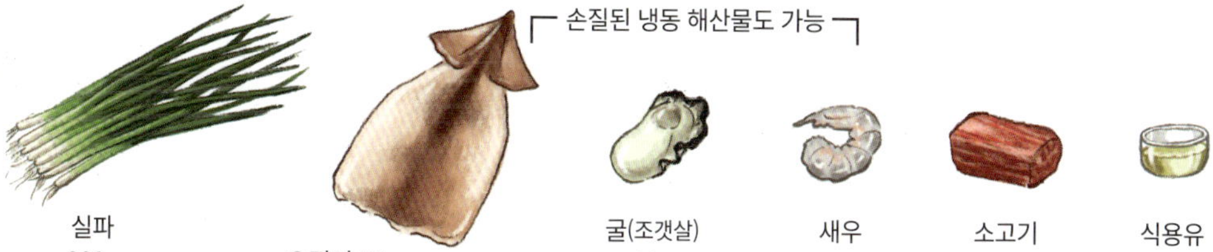

- 실파 200g
- 오징어 50g ─ 손질된 냉동 해산물도 가능
- 굴(조갯살) 30g
- 새우 20g
- 소고기 50g
- 식용유 적당량

반죽
- 밀가루 1 1/2컵
- 물 1 1/2컵
- 달걀 1개
- 소금 1작은술

소고기 양념
- 양소산상 1작은술
- 설탕 1작은술
- 다진 파 1작은술
- 다진 마늘 1작은술
- 후춧가루 적당량
- 참기름 적당량
- 깨소금 적당량

초간장
- 양조간장 4큰술
- 물 1큰술
- 식초 2큰술
- 고춧가루 1작은술
- 설탕 적당량

오직 파 한 가지 재료만으로 전을 부치면 파전이 됩니다. 하지만 기호에 따라 다양한 해물을 더해 올리면 해물파전으로 즐길 수 있습니다. 파전을 부칠 때는 파의 종류에 상관없이 다양하게 사용할 수 있으며, 그중 쪽파나 실파는 파김치 또는 파강회 등을 만들 수도 있습니다.

파강회

한국에서는 옛날부터 감기, 기침, 불면증 등이 있을 때 파의 흰 뿌리 부분을 달여 그 물을 마셨으며, 파나 마늘에서 나는 특유의 맛과 냄새는 고기나 생선의 좋지 않은 냄새를 제거해 주는 역할을 하여 양념으로도 많이 사용하였습니다.

파의 종류

대파 굵고 길다.

쪽파 뿌리 부분이 동그랗고 짧다.

실파 일자 모양이며 가늘고 짧다.

1 실파는 다듬어 씻어 20cm 정도의 길이로 잘라 둔다.

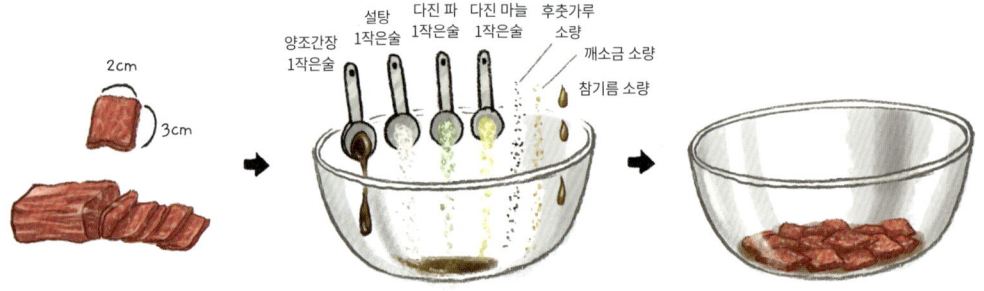

2 소고기는 얇게 썰어서 양념한다.

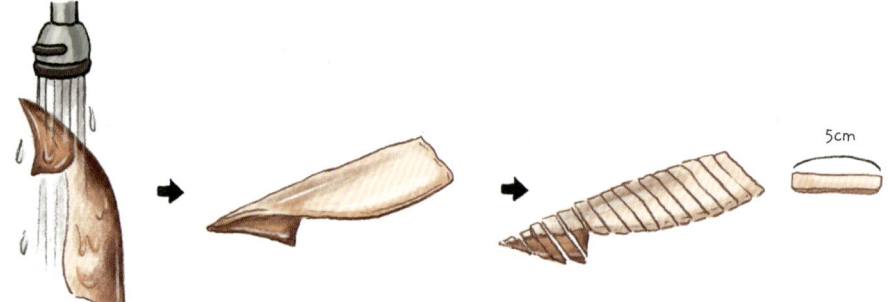

3 오징어는 깨끗이 씻어 5cm 길이로 채 썬다.

새우 살과 굴은 소금물에 흔들어 씻고 건져 물기를 뺀다.

4 밀가루, 달걀, 소금, 물을 섞어 반죽을 만든다.

5 프라이팬에 식용유를 넉넉히 두른다.

반죽을 한 국자씩 넓게 펴고 위에 파를 가지런히 놓은 다음 해산물과 소고기를 얹는다. 그 위에 반죽을 조금 더 덮어 준다.

한쪽이 익으면 뒤집어서 양면을 노릇하게 지진다.

먹기 좋은 크기로 잘라 접시에 담는다.

6 초간장을 만든다.

7 초간장을 곁들여 낸다.

2장 부식 반찬

떡볶이

Spicy Stir-fried Rice Cakes

가늘게 뽑은 떡볶이용 떡에 어묵과 채소를 곁들여 고추장으로 양념한 음식입니다. 떡의 쫄깃한 식감과 어묵의 구수하고 담백한 맛이 매콤달콤한 빨간 양념과 어우러져 깊은 맛을 냅니다.

재료 및 분량 2인분

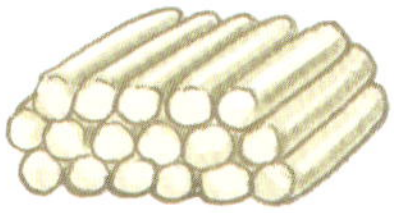

- 떡볶이 떡 250g
- 삶은 달걀 2개 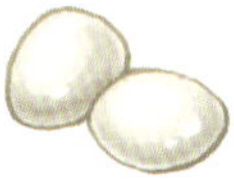
- 어묵 30g 
- 양파 50g 
- 당근 30g 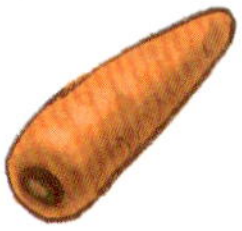
- 양배추 100g 
- 대파 10cm 

멸치 국물
- 물 2컵 
- 마른 멸치 15g 
- 다시마 5 x 10cm 

양념
- 고추장 2큰술 
- 고춧가루 1큰술 
- 양조간장 1큰술 
- 설탕 2큰술 
- 다진 마늘 1큰술 

떡볶이의 유래

떡볶이는 원래 궁중떡볶이(간장 떡볶이)에서 유래되었습니다. 지금의 고추장 떡볶이로 변천된 시점은 확실치 않은데, 전문가들에 의하면 본격적으로 고추장을 이용하기 시작한 1950년대 이후로 추정됩니다.

떡볶이는 떡과 고추장 양념, 어묵을 기본 재료로 하며, 여기에 삶은 달걀, 라면 사리, 쫄면 사리 등을 추가하기도 합니다.

떡볶이의 또 다른 종류로는 손님이 직접 끓여 가며 먹는 '즉석떡볶이'가 있으며, 서울의 '신당동 떡볶이 거리'에 이런 즉석떡볶이 전문 가게들이 많이 모여 있습니다.

즉석떡볶이

1 멸치는 머리와 내장을 제거한다.

2 물에 다시마와 멸치를 넣고 5분 정도 끓여 체에 거른다.

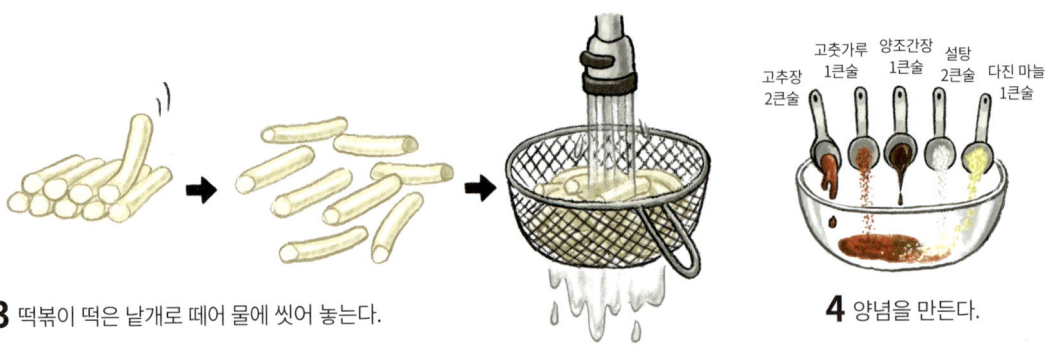

3 떡볶이 떡은 낱개로 떼어 물에 씻어 놓는다.

4 양념을 만든다.

5 어묵은 2 x 4cm 크기로 썬다.

양배추는 굵게 채 썬다.

양파는 채 썬다.

6 당근은 1 x 4cm 크기로 납작하게 썬다.

대파는 어슷 썬다.

7 밑이 넓은 팬에 채 썬 양배추와 양파를 깐다.

준비한 떡, 어묵, 삶은 달걀, 당근, 대파를 가지런히 둘러 담는다.

양념을 위에 올리고, 멸치 국물은 팬 가장자리에 돌려 부어 준다.

센 불에서 끓인다.

끓기 시작하면 불을 줄이고, 떡이 무르게 익을 때까지 양념이 골고루 배도록 국물을 끼얹어 주면서 끓인다.

떡볶이는 분식집이나 길거리의 포장마차에서도 즐길 수 있으며, 맛이 잘 어울리는 어묵꼬치, 튀김, 순대, 꼬마김밥 등을 함께 먹기도 합니다.

순대 · 튀김 · 떡볶이 · 어묵꼬치 · 꼬마김밥

2장
부식
반찬

제육볶음

Spicy Stir-fried Pork

고추장, 간장, 고춧가루와 갖은 재료를 넣은 양념장으로 버무린 구이용 돼지고기를 여러 가지 채소와 함께 볶아 만드는 대중적인 돼지고기 음식입니다.

재료 및 분량 2인분

| 돼지고기 썬 것(구이용) 250g | 양파 50g | 당근 30g | 대파 5cm | 청양고추 1/3개 | 식용유 1큰술 |

양념

| 고추장 1큰술 | 고춧가루 2작은술 | 양조간장 1큰술 | 설탕 2작은술 | 물엿 2작은술 |

| 다진 마늘 2작은술 | 생강즙 1/2작은술 | 후춧가루 1/4작은술 | 깨소금 1작은술 | 참기름 1작은술 |

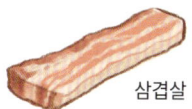

삼겹살

돼지고기의 어느 부위든 사용할 수 있지만 기름의 고소한 맛을 좋아한다면 삼겹살을, 담백한 맛을 선호한다면 뒷다리살을 추천합니다.

뒷다리살

돼지고기는 냉동육보다 냉장육을 구입하는 것이 좋으며, 냉동육을 사용한다면 냉장실에서 천천히 해동한 뒤 조리하는 것이 좋습니다.

양배추, 애호박, 버섯도 제육볶음과 잘 어울립니다.

칼로리를 낮추고 싶을 때 돼지고기의 양을 줄이고 채소를 많이 넣어 주세요.

1 돼지고기는 5~6cm 길이로 자른다.

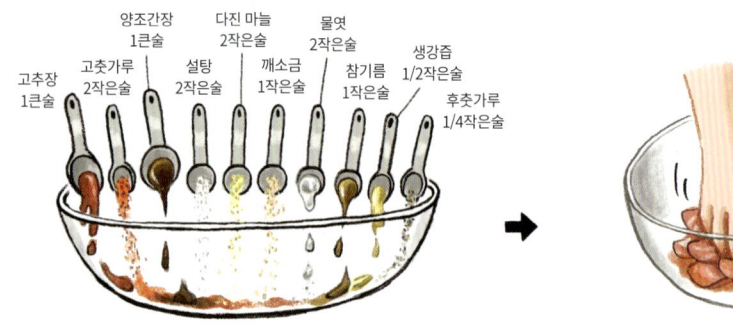

2 양념 재료를 섞어 양념장을 만든다.

3 돼지고기에 양념장을 넣어 버무린다.

4 양파는 굵게 채 썰고, 당근은 편으로 얇게 썰고, 대파는 어슷 썰고, 청양고추는 잘게 썬다.

5 프라이팬에 식용유를 두르고 뜨거워지면 돼지고기를 넣어 볶는다.

익으면 당근, 양파, 청양고추, 대파를 넣고 살짝 볶아서 담아낸다.

제육덮밥
밥 위에 제육볶음을 얹으면 제육덮밥이 됩니다.

김치제육볶음
구이용 돼지고기와 김치를 5~6cm 크기로 썰어 프라이팬에 식용유를 두르고 볶습니다. 김치만 있으면 간단히 만들 수 있는 반찬이며, 두부를 썰어 곁들여 먹어도 좋습니다.

오삼불고기
오징어와 삼겹살을 이용하여 같은 조리법으로 만들면 오삼불고기가 됩니다.

2장
부식
반찬

뚝배기불고기

Hot Pot Bulgogi

　뚝배기에 불고기를 담고 물을 넉넉하게 부어 끓여 낸 음식으로 고기가 팍팍하지 않고 국물에 양념과 육즙이 더해져 감칠맛이 납니다. 뚝배기 전골은 여럿이 함께 나누어 먹는 전골과 달리 혼자서도 먹기 좋으며 조리 또한 쉽고 편합니다.
　한식 상차림에 자주 오르는 뚝배기는 오지그릇으로 불 위에 직접 올려놓고 끓여도 깨지지 않으며 한 번 뜨겁게 데워지면 잘 식지 않는 특성이 있습니다. 끓여서 식탁에 올리면 식사가 끝날 때까지 음식을 따뜻하게 즐길 수 있습니다.

재료 및 분량 2인분

얇게 썬 소고기
250g

양파 50g

당근 30g

팽이버섯 30g

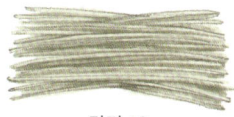
당면 10g

쑥갓
2줄기

다시마 국물
1컵

다시마
5 x 5cm

소고기 양념

양조간장
1 1/2큰술

설탕
1큰술

참기름
1작은술

다진 파
1큰술

다진 마늘
2작은술

깨소금
1작은술

후춧가루
적당량

불고기는 아주 얇게 썬 소고기에 너비아니 양념을 하여 굽거나 볶아 먹는 음식입니다. 조리 기구의 발달 덕에 기계로 고기를 아주 얇게 써는 것이 가능해지며 불고기를 만들어 먹기 시작한 것입니다. '불고기'란 이름 또한 근래에 생긴 것으로 추정되는데, 1950년대까지만 하더라도 문헌에는 '너비아니'로 소개되었습니다.

조리법으로는 프라이팬에 국물이 자작할 정도로 볶는 것이 일반적이며, 뚝배기에 끓이거나 불고기판에 육수를 자작하게 부어서, 또는 석쇠에 구워서 먹습니다. 불고기 국물에 밥을 비벼 먹어도 맛있습니다.

불고기는 한국인뿐 아니라 외국인도 선호하는 한국의 대표적인 소고기 요리입니다.

1 물 1컵에 다시마를 넣고 끓으면 다시마는 건져 내고 국물을 만든다.

2 당면은 끓는 물에 삶아 찬물에 헹궈 부드럽게 해 둔다.

3 양념장 재료를 모두 넣고 섞어 소고기 양념을 만든다. **4** 얇게 썬 소고기는 약 5cm 크기로 썰어 양념한다.

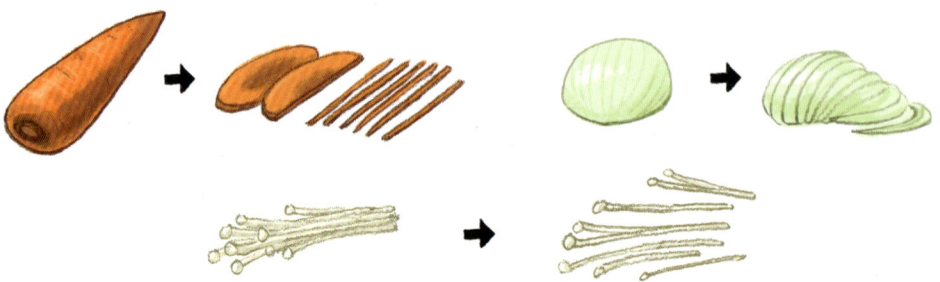

5 당근, 양파는 가늘게 채 썰고, 팽이버섯은 몇 가닥씩 떼어 놓는다.

6 뚝배기에 소고기를 넣고 볶는다.

다시마 국물을 붓고 뭉치지 않게 살짝 저어 준다.

당근, 양파, 당면을 넣고 팽이버섯을 넣는다.

마지막에 쑥갓을 올린다.

불고기를 익히는 여러 가지 조리 도구

석쇠

불고기판

얕은 팬 또는 프라이팬

뚝배기

> 2장
> 부식
> 반찬

오이김치

Cucumber Kimchi

오이를 3cm 정도로 자른 다음 네 쪽으로 갈라 소금에 절인 후, 새우젓, 파, 마늘, 고춧가루, 설탕, 소금으로 만든 양념에 버무린 김치로 김치 중 가장 간단하게 만들 수 있는 김치입니다. 매운맛을 싫어한다면 고춧가루를 조금만 넣어 시원한 맛의 오이김치를 즐길 수 있습니다.

재료 및 분량 오이김치 약 800g

오이 4개   소금 1큰술

양념

부추 50g   다진 마늘 2큰술   고춧가루 2큰술   새우젓 1큰술   설탕 1작은술   다진 생강 1작은술   소금 1작은술

오이김치의 종류

오이송송이(오이깍두기)

오이송송이는 오이를 깍두기처럼 썰어 담근다 하여 붙여진 이름입니다. 옛 조선 궁중에서는 깍두기를 '송송이'라 하였는데, 무도 오이와 같은 크기로 썰어 소금에 절였다가 물기를 빼고 오이와 섞어 담갔습니다.

오이소박이

굵고 둥근 오이를 5cm 정도로 토막 내어 양쪽 끝이 끊어지지 않으면서 가운데는 트이도록 열십자의 칼집을 넣습니다. 이렇게 준비한 오이를 소금에 절이고 잘게 썬 부추를 넣어 만든 양념으로 갈라진 틈을 채웁니다.

새우젓

새우젓은 잔새우를 소금에 절여 만드는 젓갈로 담그는 시기에 따라 오월에 담그면 '오젓', 유월에 담그면 '육젓', 가을에 담그면 '추젓', 겨울에 담그면 '동백하젓'으로 부릅니다. 김장용으로는 육젓이 가장 좋으며, 오젓이나 추젓은 반찬으로 좋습니다.

새우젓은 주로 김치나 깍두기를 담글 때, 찌개의 간을 맞출 때, 돼지고기 편육을 먹을 때 사용합니다.

1 오이는 소금으로 문질러 씻어 길이 3cm 정도로 잘라서 길이로 사등분한다. 오이가 굵으면 육등분하고 씨가 많으면 씨 부분도 도려낸다.

2 소금을 뿌려 30분 정도 둔 다음 절여지면 소쿠리에 받쳐 물기를 뺀다.

3 부추는 0.5cm 크기로 썰고, 새우젓을 잘게 다진다.

4 부추, 마늘, 고춧가루, 새우젓, 생강, 설탕, 소금을 섞어 양념을 만든다.

5 2와 4를 고루 버무린 다음 샐러드처럼 바로 먹어도 좋고, 익혀서 먹으면 김치 맛을 즐길 수 있다.
(오이김치는 되도록 빨리 먹는 것이 좋은데 오래 두고 먹을 경우에는 국물에 잠기게 꼭꼭 눌러 보관한다.)

2장
부식
반찬

배추김치

Kimchi

배추를 소금에 절이고 고춧가루, 파, 마늘, 생강, 젓갈 등의 여러 가지 양념을 버무려 담근 염장 발효 음식으로 밥과 함께 상에 오르는 기본 반찬입니다. 보통 한식에서 김치라 하면 주로 배추김치를 일컫습니다.

재료 및 분량 배추김치 약 2.5kg

배추 1포기 (2kg)
소금 1 1/2컵
물 2L
무 300g
쪽파 50g
갓 50g
미나리 50g
고춧가루 2큰술

양념
새우젓 1/4컵
고춧가루 1/2컵
멸치 액젓 2큰술
설탕 2작은술
마늘 1통
생강 20g

김장문화

김치는 한국인의 밥상에서 빠질 수 없는 반찬입니다. 추운 겨울을 나기 위해 김치를 대량으로 담가 저장하는 행사를 매년 하는데, 이를 '김장'이라 합니다. 김장은 일종의 연례행사로 봄철에는 젓갈을 준비하고, 여름에는 2~3년 동안 저장할 천일염을 구입하며, 늦여름에는 고춧가루를 마련하고, 늦가을과 초겨울 사이에 김장을 한 후 저장까지 마무리하는 긴 과정을 거칩니다. 마을 또는 가족 단위의 많은 사람들이 모여 진행하고 끝난 후에는 함께 나누어 먹습니다. 이렇게 만든 김장 김치는 겨우내 부족할 수 있는 영양소를 보충해 줍니다. 이처럼 지혜롭고 따뜻한 김장 문화는 2013년 유네스코 인류무형문화유산에 등재되었습니다.

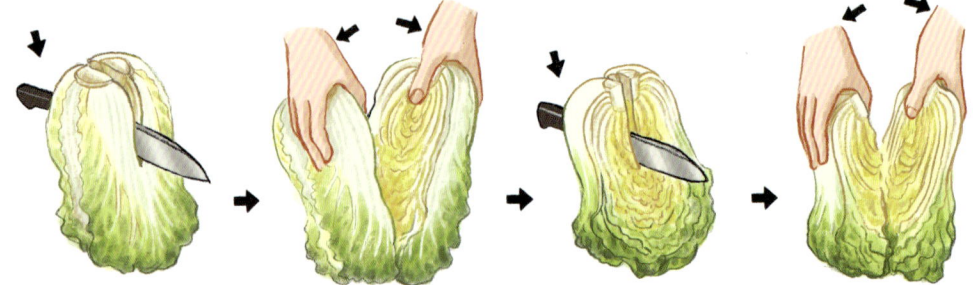

1 배추는 잘 다듬어서 뿌리 쪽에 절반가량 칼금을 넣어 쪼개고 다시 반으로 갈라서 사등분한다.

2 물 2L에 소금 1컵을 넣고 녹여서 소금물을 만든 다음 배추의 줄기 부분에만 소금(1/2컵)을 뿌리고, 소금물에 적시면서 여섯 시간 정도 절인다.

3 배추가 부드러워지면 씻어 물기를 뺀다.

4 무는 채 썰어서 고춧가루 2큰술을 넣고 버무려 둔다.

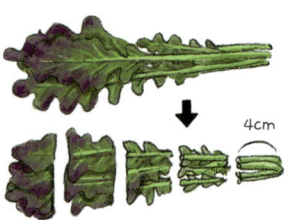

미나리는 잎을 떼고 줄기만 4cm 길이로 썬다.

갓은 잘 다듬어 4cm 길이로 썬다.

쪽파도 잘 다듬어 4cm 길이로 썬다.

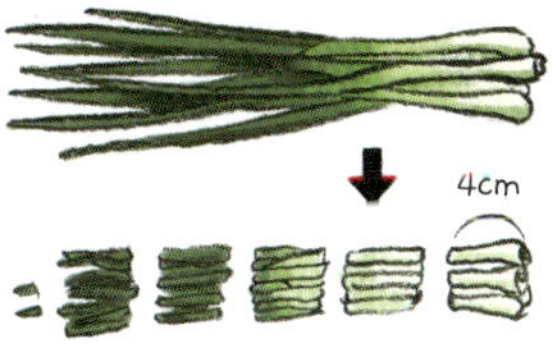

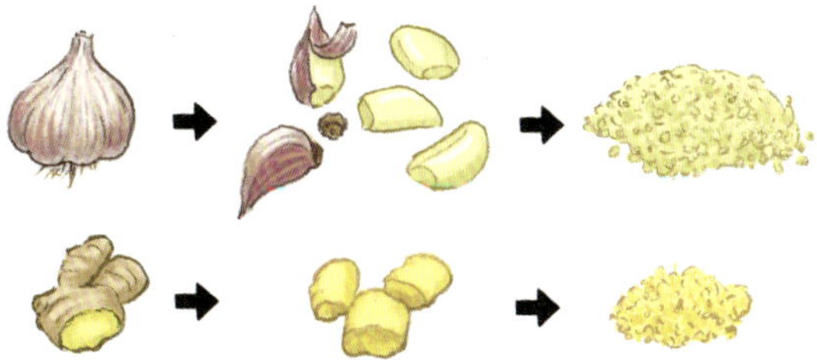

마늘과 생강을 다진다.(19쪽 참고)

5 새우젓은 다져서 고춧가루와 멸치 액젓을 넣어 불린 다음,
다진 마늘, 나신 생강, 설탕을 넣고 섞어 양념을 만든다.
양념이 너무 되면 물을 약간 첨가한다.

6 볼에 양념, 무채, 쪽파, 갓, 미나리를 섞고
소금으로 가하여 김칫소를 만든다.

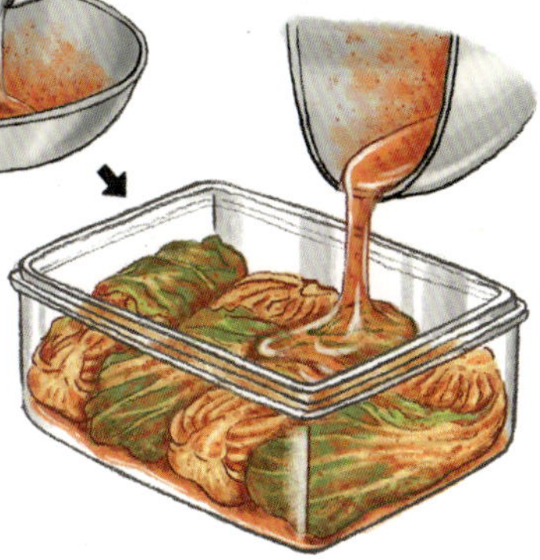

7 배추 잎 사이에 6의 소를 골고루 넣고 겉잎으로 싸서 밀폐 용기에 눌러 담는다.
소를 만든 볼에 물 1컵과 소금 1작은술을 풀어 소금물을 만들어 붓고 꼭꼭 눌러
뚜껑을 덮어 익힌다.(고춧가루 때문에 손이 따가울 수 있으니 조리용 장갑을 사용해도 된다.)

꼭 알아두세요!

- 김치를 밀폐 용기에 보관할 때는 가득 채우면 발효 과정에서 생기는 가스로 인해
국물이 넘칠 수 있으니 용기의 80% 정도만 채웁니다.
- 김치는 담근 후 바로 먹을 수도 있지만, 냉장고에 넣어 한 달 정도 발효시킨 후
먹을 때 가장 맛있습니다. 발효를 빨리 시키고 싶으면 하루 정도 상온에
두었다가 냉장고에 넣어 먹으면 됩니다.
- 김치가 공기와 접촉하면 김치 발효균인 젖산균
외의 다른 균도 함께 번식되어 맛이 나빠집니다.
따라서 김치가 공기에 노출되지 않도록 꼭꼭 눌러
국물 속에 잠기도록 한 상태로 보관해야 합니다.

> 2장
> 부식
> 반찬

깍두기
Diced Radish Kimchi

깍두기는 무를 작은 밤알 크기의 입방체로 썰어 소금에 절인 후 물기를 빼고, 고춧가루, 마늘, 생강, 새우젓, 쪽파, 미나리를 넣어 버무린 김치입니다. 여러 가지 한국 음식과 함께 즐길 수 있지만 설렁탕이나 국밥, 해장국 등과 특히 잘 어울립니다. 김장철 가을무는 맛이 달고 조직이 단단하여 깍두기 담그기에 가장 알맞습니다.

재료 및 분량 깍두기 약 1.3kg

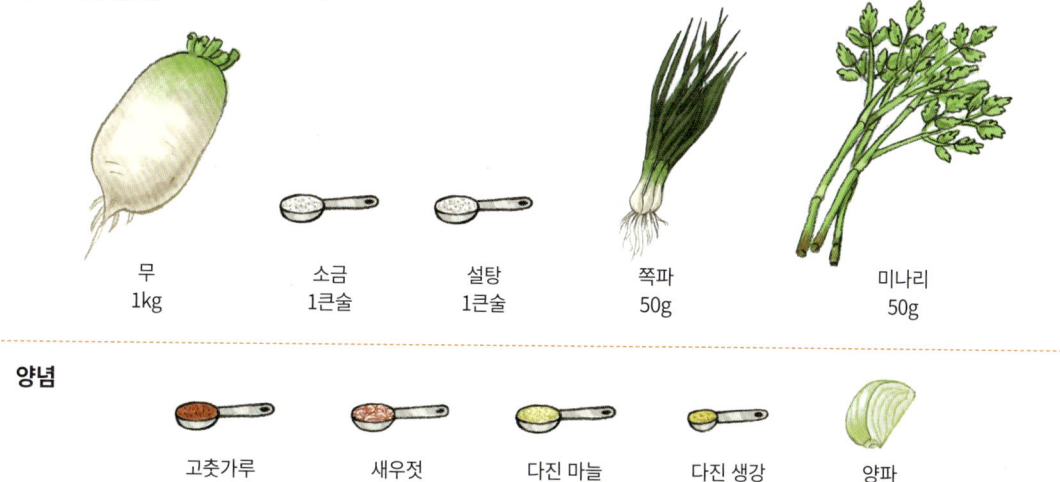

무 1kg / 소금 1큰술 / 설탕 1큰술 / 쪽파 50g / 미나리 50g

양념
고춧가루 3큰술 / 새우젓 1큰술 / 다진 마늘 1큰술 / 다진 생강 1작은술 / 양파 20g

무

무는 한국인들이 즐겨 먹는 채소 중 하나로 김치뿐 아니라 나물, 국, 조림 등의 음식에 다양하게 사용됩니다. 무는 품종뿐 아니라 부위에 따라서도 각기 다른 맛과 쓰임새를 가지며, 감기 예방과 소화 기능 개선, 숙취 해소, 항암 효과, 다이어트 등의 효능도 있습니다.

총각김치 / 총각무 / 무 / 깍두기 / 무비늘김치

1 무는 깨끗하게 씻어 2.5 x 2.5 x 3cm로 썰어 설탕, 소금에 30분 동안 절인 다음 물기를 뺀다.

절인 물은 버리지 않고 버무릴 때 사용한다.

2 미나리는 줄기만 다듬어 깨끗이 씻고 3cm 길이로 썬다. 쪽파도 다듬어 3cm 길이로 썬다.

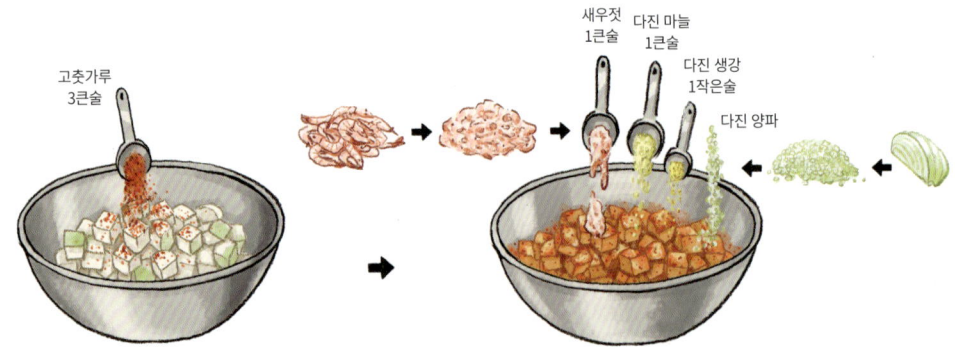

3 무에 고춧가루를 넣어 먼저 버무린다.

새우젓 다진 것과 다진 양파, 다진 마늘, 다진 생강을 넣고 잘 섞는다.

쪽파, 미나리, 1의 무 절인 물을 넣고 잘 버무려서 밀폐 용기나 항아리에 담아 익힌다.

꼭 알아두세요!

- 깍두기 또한 발효 과정에서 국물이 생기므로 가득 채워 담으면 넘칠 수 있습니다. 밀폐 용기의 80% 정도만 채워 주세요.
- 하루 동안 상온에 두었다가 냉장고에 넣습니다. 깍두기는 배추김치보다 발효가 더 빨리 되므로 가능한 한 서둘러 먹는 것이 좋습니다.

김치의 종류

배추김치, 열무김치, 파김치, 깍두기, 물김치, 나박김치, 동치미, 보쌈김치, 부추김치, 깻잎김치, 오이소박이, 갓김치 등 200여 종이 넘는 다양한 김치가 있습니다.

백김치
고춧가루를 넣지 않고 담근 배추김치로 배, 잣, 대추, 밤, 굴 등의 부재료를 넣습니다. 잘 만든 백김치는 김치 본연의 맛은 그대로 살리면서 맵지 않기 때문에 매운맛을 선호하지 않는 사람들도 즐길 수 있습니다.

파김치
쪽파를 멸치젓국, 소금, 고춧가루, 다진 마늘과 생강을 넣고 버무린 김치입니다. 파김치는 실파로도 담그지만 이른 봄에 나는 흰 부분이 통통한 쪽파가 더 맛있습니다.

보쌈김치
배추, 무, 낙지, 전복, 굴, 밤, 표고, 배, 잣, 대추 등을 양념으로 버무린 후 넓은 배추 잎으로 싸서 만든 김치입니다. 속에 든 해물과 과일을 즐길 수 있으며, 넓은 배추 잎으로 밥을 싸 먹기도 합니다. 보쌈김치는 김치 중에서 고급스럽기로 손꼽힙니다.

동치미
무를 통째로 절여 파, 마늘, 생강, 배 등을 넣은 후 국물을 많이 부어 심심하게 담근 물김치로 죽과 함께 상에 올리거나 국수를 말아 먹기도 합니다. 김장철에 담가서 동지 팥죽과 함께 먹습니다. 봄과 여름에는 무를 토막 내어 담그기도 합니다.

김치 발효

김치를 발효시키는 균은 젖산균입니다. 배추를 소금에 절일 때 대부분의 미생물이 죽지만 염분에서도 잘 견디는 젖산균은 살아남아 발효 과정을 통해 젖산을 만들어 냄으로써 새콤하고 시원한 맛의 김치가 탄생하는 것입니다.

    젖산균은 산소를 싫어하기 때문에 김치 항아리는 밀봉하여 최대한 공기 접촉을 피하도록 합니다. 온도 또한 일정하게 유지하며 익혀야 맛이 좋아 예전에는 김칫독을 땅 속에 묻어 저장하였습니다.

    젖산균은 우리 몸 안에서 소화 효소 분비를 촉진시키고 유해균의 번식은 억제하며, 소화된 음식물이 잘 배설될 수 있도록 돕습니다.

    요즘은 예전의 김칫독과 같은 원리로 만든 '김치냉장고'의 개발로 김치를 더욱 편리하게 저장할 수 있게 되었습니다.

땅에 묻은 김칫독   김치냉장고

2장 부식 반찬

나박김치
Spicy Water Kimchi

배추와 무를 네모난 형태로 나박나박 썰어 파, 마늘, 생강 등의 양념을 넣고 고춧가루 국물을 부어 익힌 국물김치입니다. 나박김치는 만드는 방법과 과정이 쉽고 간편해 그때그때 바로 담가 먹을 수 있습니다. 맛 또한 시원하고 담백하여 입맛을 잃기 쉬운 여름철에 식욕을 돋워 줍니다.

재료 및 분량 나박김치 약 1.7kg

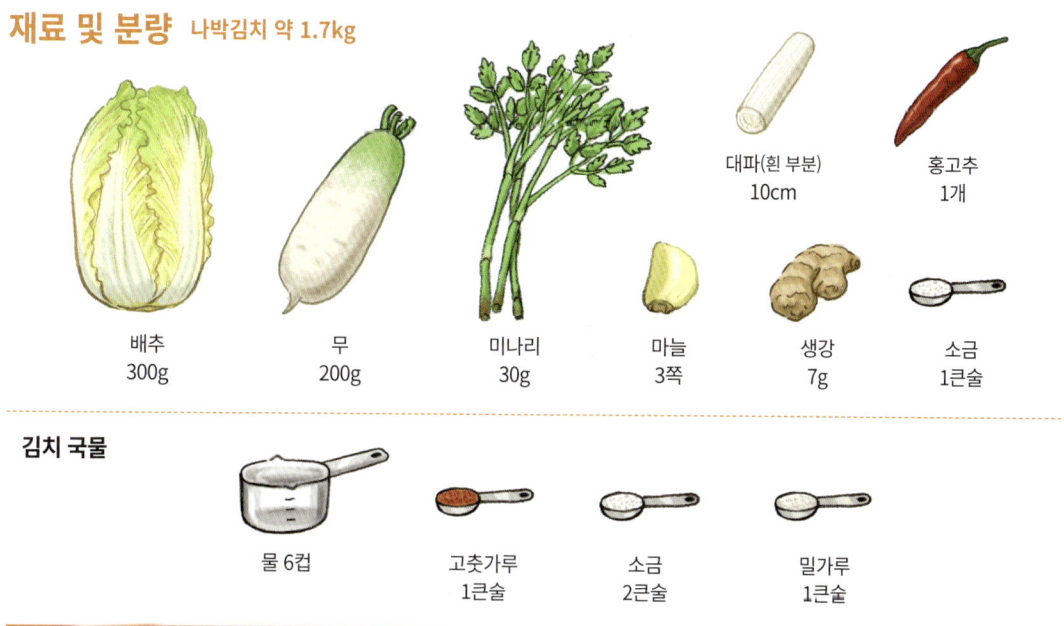

| 배추 300g | 무 200g | 미나리 30g | 대파(흰 부분) 10cm | 홍고추 1개 |
| 마늘 3쪽 | 생강 7g | 소금 1큰술 |

김치 국물: 물 6컵, 고춧가루 1큰술, 소금 2큰술, 밀가루 1큰술

물김치란?

주재료인 무와 배추에 국물을 많이 부어 맵지 않고 삼삼하게 담가 먹는 김치입니다. 물김치의 종류에는 동치미, 장김치, 나박김치, 열무물김치, 돌나물물김치 등이 있습니다.

동치미   장김치   열무물김치   돌나물물김치

물김치와 어울리는 음식

물김치는 밥과도 잘 어울리지만 떡, 떡국, 국수, 고구마 등과 같이 탄수화물 함량이 높은 음식과 특히 잘 어울립니다. 이는 김치의 발효 과정에서 생긴 유산균이 소화를 돕고 장(腸)을 깨끗하게 해 주는 정장 작용도 돕기 때문입니다.

역시 고구마랑 물김치는 환상의 짝꿍~!

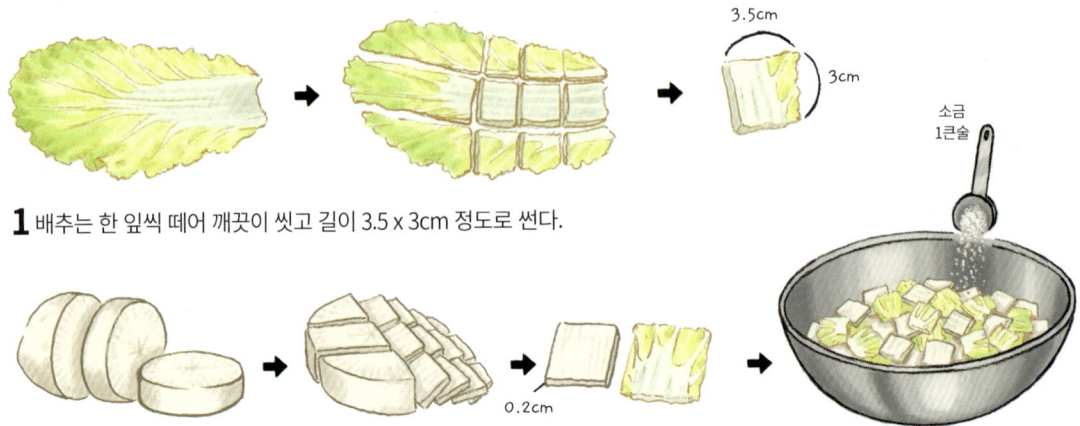

1 배추는 한 잎씩 떼어 깨끗이 씻고 길이 3.5 x 3cm 정도로 썬다.

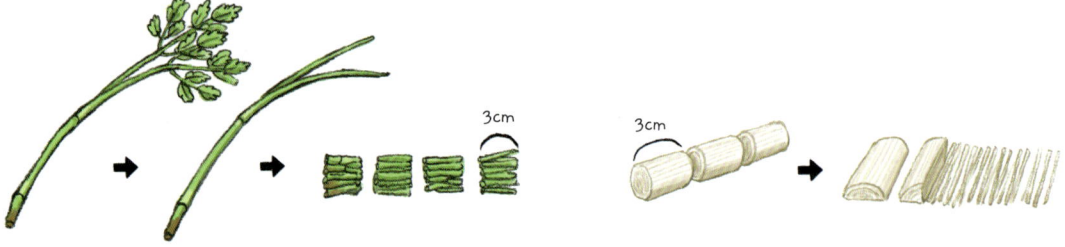

2 무는 단단한 것으로 골라 깨끗이 씻어 0.2cm 두께로 배추보다 약간 작게 썬다.
무, 배추에 소금 1큰술을 넣고 버무려 20분간 절인다.

3 미나리는 잘 다듬어 씻어 줄기만 3cm 길이로 썬다.　　**4** 파는 흰 부분만 3cm 정도의 길이로 채 썬다.

5 마늘, 생강은 곱게 채 썬다.

6 분량의 물을 불에 올려 끓으면 밀가루를 풀어 넣어 밀가루 풀을 만든다.
다시 끓으면 소금을 넣고 불을 끈 후 식혀 둔다.

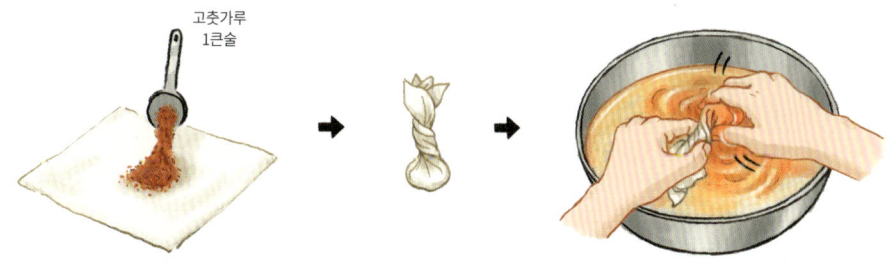

국물이 완전히 식으면 고춧가루를 면포에 싸서 국물에 넣고 주물러서 붉게 물들인다.
(고운 고춧가루는 김치 국물에 풀어 준다.)

7 홍고추를 3cm 길이로 채 썬다.

8 무와 배추에 홍고추를 넣고 버무린 다음 파, 마늘, 생강, 미나리를 넣어 잠깐 동안 두었다가 국물을 붓는다.
(김치 국물의 양은 조절해도 된다.)

꼭 알아두세요!

- 하루 동안 상온에 두었다가 발효가 되면 먹습니다. 남은 김치는 냉장고에 보관합니다.
- 밀가루 풀을 넣어 만든 김치 국물은 발효가 되면서 맛있는 단맛이 납니다. 밀가루 풀을 넣지 않은 경우에는 설탕을 1큰술 넣습니다.

한국 음식 속의 김치와 고추

고추가 우리나라에 유입된 1600년 중반 이래 김치는 하얀 김치에서 빨간 김치로 서서히 변해 왔습니다. 1800년대 초반의 『규합총서』에는 고추와 젓갈을 넣은 김치에 대한 내용이 있습니다. 그 후 김치에 사용하는 고추의 양이 조금씩 늘어났고, 사람들이 매운맛을 선호하게 되면서 다른 종류의 매운 음식들도 점차 많아진 것으로 추정됩니다.

　고추의 매운맛을 내는 캡사이신은 김치에 들어가는 젓갈의 비린내를 잡아 줄 뿐 아니라 지방의 산패를 막아 주며, 젖산균 발효가 순조롭게 되도록 돕고 김치 속 재료가 내포한 비타민C의 손실도 막아 줍니다. 또한 고추의 빨간색은 식욕을 촉진하는 역할까지 합니다. 이렇듯 고추를 넣은 김치는 선조들의 지혜와 경험이 쌓여 만들어진 건강 식품이라 할 수 있습니다.

2장
부식
반찬

삼색나물
(시금치나물, 무생채, 콩나물무침)
Three Seasoned Vegetables

산과 들에서 나는 식용 식물 또는 재배한 채소로 만든 반찬을 통틀어 '나물'이라 합니다. 한편 '삼색나물'이란 세 가지 종류의 나물을 한 그릇에 담아내는 것을 말하고, 보통 각기 다른 색의 나물을 선택하여 상에 올립니다.

재료 및 분량 2인분

시금치나물 
- 시금치 200g 
- 소금 1/2작은술

양념 
- 집간장 1/2작은술
- 깨소금 1작은술
- 참기름 1작은술
- 다진 파 1작은술
- 다진 마늘 1/2작은술

무생채 
- 무 200g

양념 
- 고춧가루 2작은술
- 소금 1/2작은술
- 설탕 1작은술
- 식초 2작은술
- 다진 파 1/2작은술
- 다진 마늘 1/2작은술

콩나물무침 (또는 숙주나물) 
- 콩나물(또는 숙주) 200g 
- 소금 1/4작은술

양념 
- 집간장 1작은술
- 깨소금 1작은술
- 참기름 1작은술
- 다진 파 1/2작은술
- 다진 마늘 1/2작은술

한국의 나물

사계절이 뚜렷한 한국에서는 사시사철 다른 종류의 채소들을 즐겨 먹었습니다. 거의 모든 채소와 버섯, 나무의 새순, 오이, 가지, 애호박 같은 열매채소 등이 나물의 재료로 두루 사용되었습니다.

나물을 만드는 여러 방법

- 볶아서 만드는 나물 — 고구마줄기나물
- 데쳐서 무치는 나물 — 참나물
- 생채로 무치는 나물 — 부추생채
- 제철에 나는 산채를 말려 두었다가 불려서 만든 묵나물 — 토란대나물, 고사리나물

1 시금치는 다듬어서 굵기에 따라 2~4쪽으로 쪼갠 다음 씻는다.

2 시금치가 잠길 정도의 물을 불에 올려 끓으면 소금을 넣고 시금치를 1분 정도 살짝 데친 다음 찬물에 헹궈 물기를 짠다. 길이가 길면 2~3등분한다.

3 양념을 만들어서 시금치를 넣어 무친다.

4 무는 씻어 껍질을 벗기고 곱게 채 썰어 먼저 고춧가루를 버무려 둔다.

5 양념은 따로 만들어 먹기 직전에 무와 섞어 버무린다.

6 냄비에 물 1컵과 소금 1/4작은술, 다듬어 씻은 콩나물을 넣고 뚜껑을 덮어 5분 정도 삶는다.

7 건져서 물기를 빼고 양념을 만들어 무친다.
 (숙주는 씻어서 끓는 물에 살짝 데쳐서 양념을 넣고 무친다)

8 세 가지 나물을 한 접시에 담고 위에 깨소금을 살짝 뿌린다.

특별식

잔치나 생일, 혹은 특별히 축하할 일이 있을 때 먹는 음식입니다. 조리법이 조금 복잡해 보여도 맛이 좋고 모양도 화려하며 몸에 좋은 음식들입니다. 특별식은 단품으로 먹기도 하지만 한식에서는 보통 주식, 부식과 함께 한 상에 차립니다.

신선로

구절판

잡채

궁중떡볶이

삼계탕

보쌈

3장

특별식

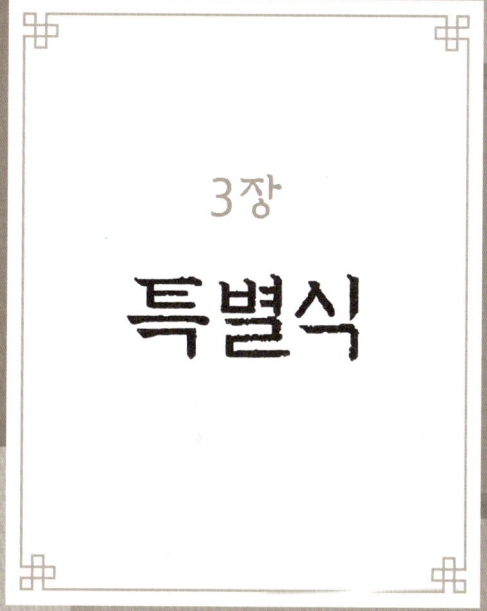

3장
특별식

신선로

Royal Hot Pot

신선로는 한국의 전통 그릇 이름이자 음식 이름이기도 합니다. '먹어서 입이 즐겁다'라는 뜻의 '열구자탕'이라고도 부릅니다. 가운데에 우뚝 솟아 있는 화통에 숯불을 넣고, 그 둘레에 여러 가지 고기, 생선, 채소를 알록달록하게 담은 후 각종 견과류로 장식하고 육수를 부어 끓이면서 먹는 전골입니다. 신선로는 하나같이 호화롭고 품위 있는 궁중 음식들 중에서도 가장 대표적이며 인상적인 음식으로 손꼽힙니다.

재료 및 분량 지름 20cm 신선로 1개 분량(4인분)

- 소고기(사태, 양지) 150g
- 무 100g
- 당근 100g
- 다시마 10 x 10cm
- 천엽 50g
- 흰살 생선 100g
- 소고기(우둔) 100g
- 두부 30g
- 홍고추 1개
- 건표고 3장
- 석이 3장
- 미나리 50g
- 은행 12개
- 호두 반쪽 5개
- 삿 1작은술
- 달걀 5개
- 밀가루 1/2컵
- 식용유 적당량

소고기 양념
- 양조간장 1큰술
- 설탕 1작은술
- 다진 파 1작은술
- 다진 마늘 1/2작은술
- 깨소금 1/2작은술
- 참기름 1/2작은술
- 후춧가루 적당량

국물(5컵)
- 물 6컵
- 집간장 1큰술
- 소금 적당량
- 설탕 적당량
- 후춧가루 적당량

전골

전골냄비에 여러 재료들을 각각 색깔을 살려 보기 좋게 담은 후 육수를 부어 끓이면서 먹는 음식입니다. 냄비 하나를 가운데 놓고 여러 사람이 둘러앉아 함께 나누어 먹는 따뜻함이 있습니다.

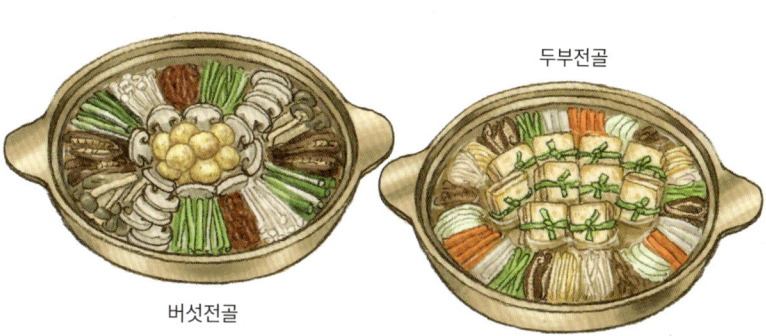

버섯전골   두부전골

1. 냄비에 소고기(양지머리), 무, 당근, 다시마를 넣고 물 6컵을 부어 끓으면 다시마는 건져 내고 중불로 낮춰 계속 끓인다.

5분 후에 무와 당근을 건진다.

20분 더 끓인 다음 소고기는 건지고 국물은 면포로 걸러 국물 양념으로 양념한다.

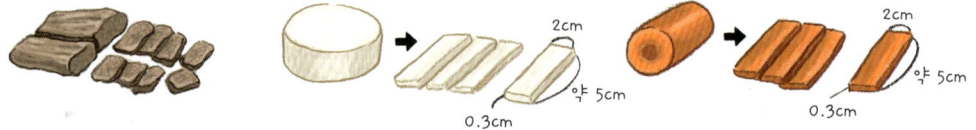

2. 삶은 소고기는 얇게 썰고 무와 당근은 폭 2cm, 두께 0.3cm로 신선로 틀에 맞추어 골패 모양으로 썬다.

3. 소고기 양념을 섞는다.

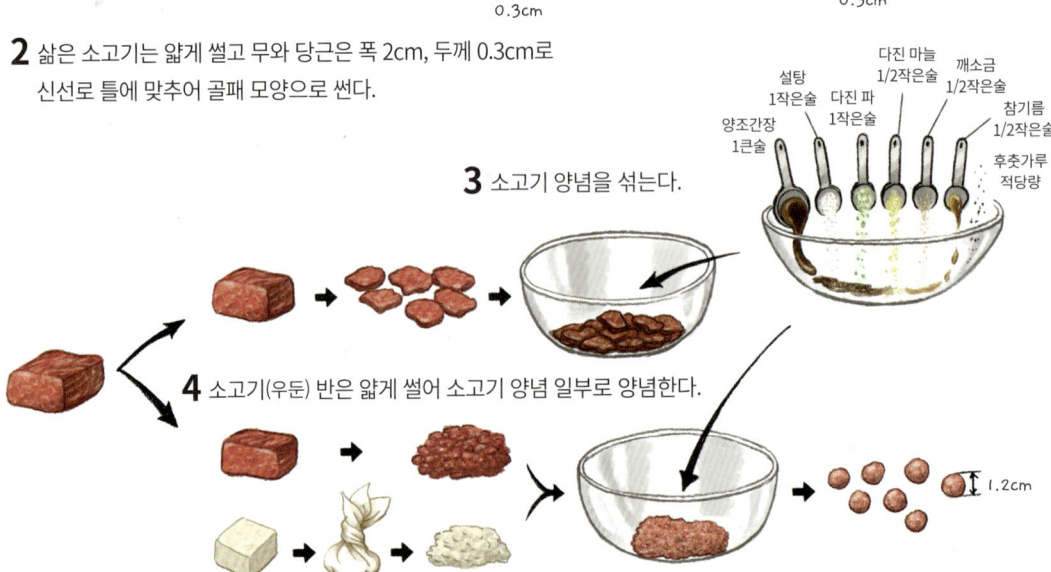

4. 소고기(우둔) 반은 얇게 썰어 소고기 양념 일부로 양념한다.

5. 소고기 반은 다져서 나머지 양념으로 양념하고 물을 꼭 짜서 으깬 두부와 섞어 지름 1.2cm 크기의 완자로 만든다.

완자에 밀가루와 달걀을 씌워 프라이팬에 기름을 두르고 지진다.

6 달걀 세 개는 황백으로 나누어 노른자로 황색지단을 부친다. 흰자는 반으로 나누어 흰색지단을 부치고 반은 석이를 뜨거운 물에 불려 비벼서 뒷면의 이물질을 제거한 다음 깨끗이 씻어서 다져 넣어 흑색지단을 부친다. 각각 2cm 폭의 골패 모양으로 썬다. (21쪽 참고)

7 미나리초대 만들기 미나리는 잎을 떼고 대꼬챙이에 꿰어 밀가루를 묻히고 달걀옷을 입혀 부친 다음 2cm 폭의 골패 모양으로 썬다.

8 흰살 생선은 포를 떠서 소금, 후춧가루를 뿌린다. 밀가루를 묻히고 달걀옷을 입힌 후 전을 부쳐 2cm 폭의 골패 모양으로 썬다.

9 천엽은 한 장씩 떼어 밀가루, 소금으로 주물러 씻은 후 끓는 물에 데치고 칼로 긁어낸다.
잔칼질을 하고 소금, 후춧가루를 뿌린다. 밀가루와 달걀옷을 입혀 전을 부친 후 2cm 폭의 골패 모양으로 썬다.

10 표고는 물에 불려 2cm 폭으로 신선로 틀에 맞추어 썰고, 홍고추도 같은 크기로 자른다.

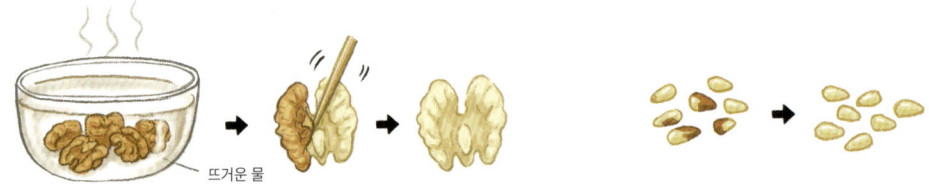

11 호두는 뜨거운 물에 불려 꼬챙이로 껍질을 벗기고, 잣도 깨끗이 닦는다.

12 은행은 프라이팬에 식용유를 살짝 두르고 파랗게 볶아 키친타월에 싸서 문질러 속껍질을 벗긴다.

13 신선로 틀에 무와 당근의 일부를 깐다.

2의 편육을 얹는다.

그 위에 4의 양념한 고기를 얹는다.

골패 모양으로 썬 재료들을 색 맞추어 돌려 담는다.

맨 위에 호두, 잣, 은행, 완자로 장식한다.

국물을 붓는다.

뚜껑을 닫고 가운데 화통에 숯을 넣는다.
(고체 연료를 사용할 경우 그릇에 담아 넣는다.)

덜어 먹을 그릇, 국자와 함께 상에 낸다.

3장
특별식

구절판

Platter of Nine Delicacies

구절판은 아홉 개의 칸으로 나뉜 전용 그릇에 밀전병과 채소, 고기 등의 여덟 가지 재료를 담아내고, 가운데에 담긴 밀전병에 나머지 재료들을 싸서 먹는 밀쌈 음식입니다. 오방색의 재료들을 직접 싸 먹는 재미가 있을 뿐 아니라 어떤 종류의 술과도 잘 어울려 담소를 즐기며 먹기 좋은 전통 음식입니다.

재료 및 분량 2인분

| 소고기 100g | 건표고 5개 | 오이 1개 | 당근 100g | 새우 10마리 | 죽순 또는 숙주 100g | 식용유 적당량 | 소금 적당량 | 달걀 2개 |

소고기, 표고 양념

| 양조간장 2큰술 | 설탕 1/2큰술 | 다진 파 1큰술 | 다진 마늘 1작은술 | 참기름 2작은술 | 깨소금 1/4작은술 | 후춧가루 적당량 |

밀전병

| 밀가루 1컵 | 소금 1/2작은술 | 물 1 1/4컵 | 잣 1큰술 |

겨자즙

| 겨잣가루 2큰술 | 따뜻한 물 1큰술 | 식초 1 1/2큰술 | 설탕 1큰술 | 소금 1/4작은술 |

초간장

| 양조간장 4큰술 | 식초 2큰술 | 물 1큰술 | 설탕 적당량 |

음식의 이름인 동시에 그릇의 이름이기도 한 구절판은 주로 나무로 만드는데 옻칠을 하고 아름다운 자개 문양도 넣어 일종의 공예품과도 같습니다.
도자기나 유리, 플라스틱, 유기 등으로도 만듭니다.

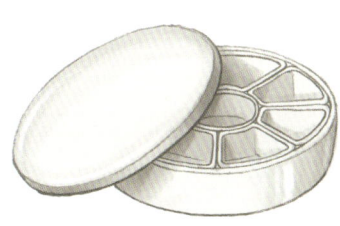  

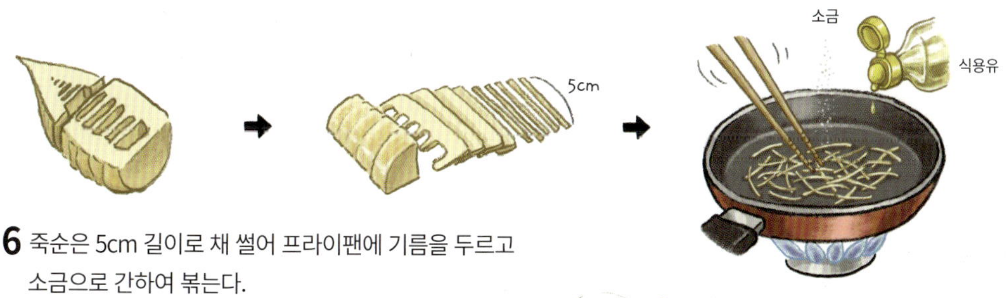

6 죽순은 5cm 길이로 채 썰어 프라이팬에 기름을 두르고 소금으로 간하여 볶는다.

죽순 대신 숙주를 사용할 경우에는 머리와 꼬리를 따고 끓는 물에 데쳐서 물기를 뺀다.

7 달걀은 황백지단을 부쳐 5cm 길이로 곱게 채 썬다.(21쪽 참고)

8 새우는 끓는 물에 삶아서 껍질을 벗기고 크면 반으로 자른다.

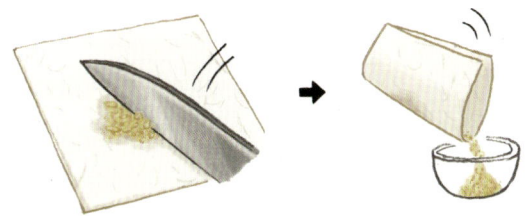

9 한지 위에 잣을 올려 곱게 다져 잣가루를 만든다.(22쪽 참고)

10 밀가루, 소금, 물을 잘 섞어 반죽을 만들어 체에 거른다. 프라이팬에 식용유를 두르고 반죽 1큰술을 떠 놓고 지름 8cm 크기의 얇은 밀전병을 부친다.(두꺼우면 질감이 좋지 않으니 얇게 부친다.) 식으면 밀전병 사이에 잣가루 뿌려서 포갠다.

11 겨잣가루에 물을 넣고 개어서 뚜껑을 덮고 따뜻한 곳에 10분쯤 두면 매운맛이 난다. 여기에 식초, 설탕, 소금을 섞어서 겨자즙을 만든다.

12 초간장 재료를 섞어 초간장을 만든다.

13 구절판 가운데에 밀전병을 놓고 둘레에 여덟 가지 재료를 담는다.

밀전병 위에 재료들을 올린다.   겨자즙이나 초간장을 넣는다.   밀전병으로 재료들을 감싼다.   맛있게 먹는다.

오방색

구절판은 오방색인 적, 청, 황, 백, 흑의 다섯 가지 색이 모두 들어 있는 음식입니다.(12쪽 참고) 소개된 재료 외에도 다양한 재료들을 사용할 수 있습니다.

3장
특별식

잡채

Stir-fried Glass Noodles and Vegetables

삶아 볶은 당면과 여러 가지 채소, 버섯, 고기 등을 볶아서 함께 버무린 채소 요리입니다. 옛날에는 채소를 많이 넣고 당면은 조금만 섞었으나, 요즘은 당면을 더 많이 넣어 만듭니다. 다양한 재료를 사용해 영양가가 풍부하고 모양도 화려할 뿐 아니라 맛까지 좋아 잔칫상에 빼놓을 수 없는 음식입니다.

재료 및 분량 4인분

당면 100g · 소고기 100g · 건표고 3개 · 건목이 10g · 양파 100g
당근 50g · 오이 70g · 숙주 50g · 달걀 1개 · 소금 적당량 · 식용유 적당량

소고기, 버섯 양념

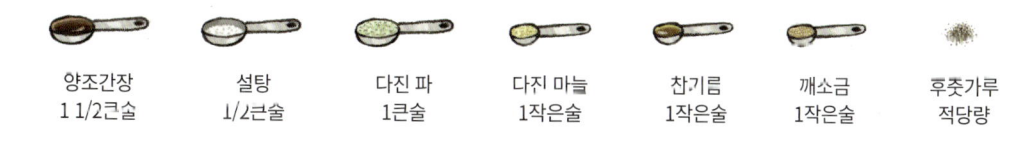

양조간장 1 1/2큰술 · 설탕 1/2큰술 · 다진 파 1큰술 · 다진 마늘 1작은술 · 참기름 1작은술 · 깨소금 1작은술 · 후춧가루 적당량

당면 양념

양조간장 1큰술 · 설탕 1큰술 · 참기름 1작은술

한국에서는 잔치가 있을 때 잡채를 만듭니다. 당면을 삶아서 사용할 경우 시간이 지남에 따라 불면서 탄력이 없어지므로 삶지 않고 물에 담가서 불렸다가 볶아서 조리하기도 합니다.

당면이란?

당면은 고구마 전분, 감자 전분, 옥수수 전분 등의 전분질을 주원료로 하여 반죽, 제면, 호화, 냉동, 해동, 건조 등의 공정을 거쳐 제조한 것을 말합니다. 옛날에는 녹두 녹말로 만든 반면 요즘은 여러 가지 녹말을 섞어서 만들기도 합니다.

소금
6cm
0.3cm
0.3cm

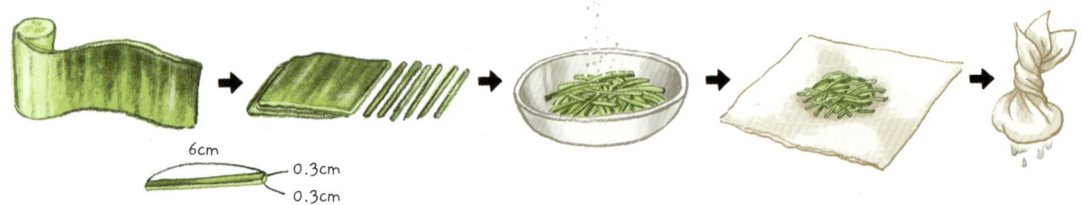

1 오이는 돌려 깎기 하여 0.3 x 0.3 x 6cm 정도로 채 썬다.(씨 있는 부분은 사용하지 않는다.)
소금을 조금 넣고 절여 면포에 싸서 물기를 짠다.

2 파, 마늘을 다져서 양념을 만든다.

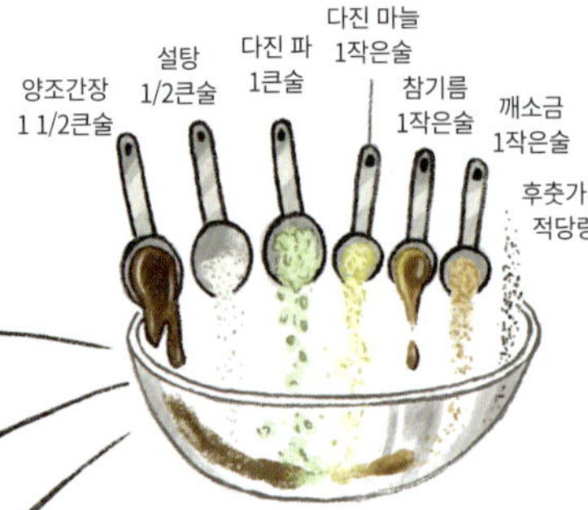
양조간장
1 1/2큰술
설탕
1/2큰술
다진 파
1큰술
다진 마늘
1작은술
참기름
1작은술
깨소금
1작은술
후춧가루
적당량

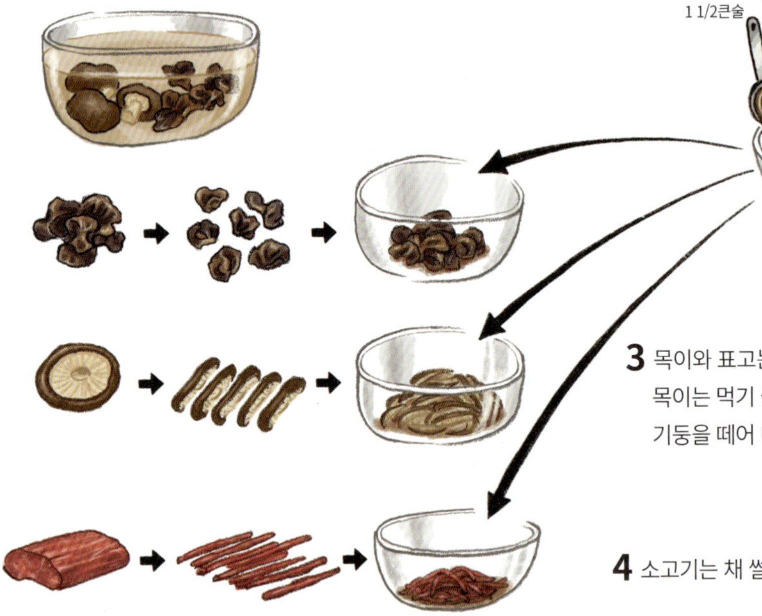

3 목이와 표고는 미지근한 물에 불려
목이는 먹기 좋게 뜯어 두고, 표고는
기둥을 떼어 내고 채 썰어 각각 양념한다.

4 소고기는 채 썰어 양념한다.

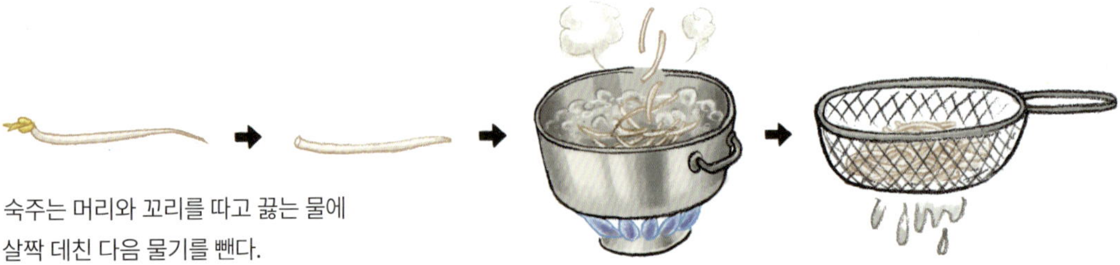

5 숙주는 머리와 꼬리를 따고 끓는 물에
살짝 데친 다음 물기를 뺀다.

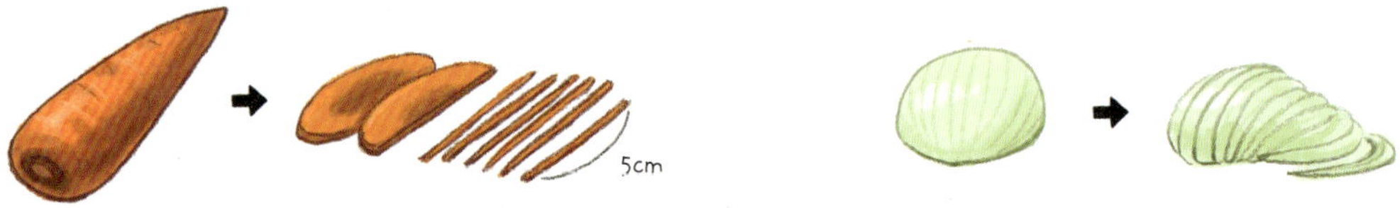
5cm

6 당근은 5cm 길이로 채 썰고, 양파는 길이로 채 썬다.

7 달걀은 노른자와 흰자를 따로 풀어 프라이팬에 기름을 두르고 황백지단을 부친 다음 5cm 길이로 채 썬다.(21쪽 참고)

8 냄비에 물 4컵을 붓고 끓으면 당면을 넣고 다시 끓으면 약불로 5분 정도 더 투명하게 삶는다.
당면을 체에 밭쳐 물기를 뺀 후 당면 양념으로 양념한 다음 프라이팬에 식용유를 두르고 볶는다.

9 프라이팬에 식용유를 두르고 오이, 양파, 당근, 목이, 표고, 소고기의 순서로 각각 볶는다.

10 큰 그릇에 당면과 모든 재료를 넣고 고루 섞는다.

참기름, 후춧가루를 살짝 뿌려 버무린 다음 접시에 담고 황백지단을 고명으로 얹어 낸다.

3장
특별식

궁중떡볶이

Royal Stir-fried Rice Cakes

가래떡을 먹기 좋은 크기로 잘라 각종 채소를 넣고 간장 양념에 볶은 것으로 궁중에서도 먹던 음식입니다. 여러 가지 재료가 들어 있어 다양한 영양소를 골고루 섭취할 수 있으며 간단한 식사 대용으로도 좋습니다.

재료 및 분량 2인분

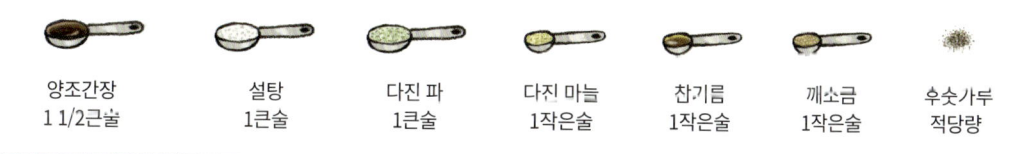

가래떡의 종류

떡국용 떡: 보통 말하는 '가래떡'을 뜻하며, 직경 3cm 정도의 동전 모양으로 둥글게 썰어서 떡국을 끓입니다. 또한 5cm 정도의 길이로 토막 낸 후 1/4쪽으로 길게 잘라 떡볶이를 만들기도 합니다.

떡볶이용 떡: 가래떡의 1/4 굵기, 길이 5~6cm의 둥근기둥 모양 떡으로 떡을 뽑는 기계의 발달로 가느다란 떡볶이용 떡이 나오게 되었습니다. 현재는 다양한 굵기와 모양의 떡, 치즈나 고구마를 넣은 떡 등도 생산됩니다.

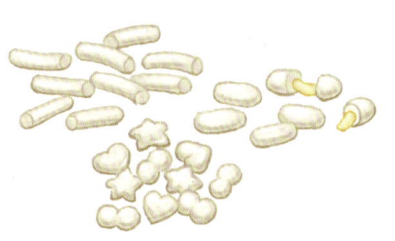

떡국

가래떡으로는 떡찜, 떡산적, 떡볶이 등을 만들 수 있습니다. 특히 설날에는 긴 떡을 동전 모양으로 둥글게 썰어 떡국을 만들어 먹으면서 가족 개개인의 수명장수와 돌아오는 봄이 '대길'이길 기원합니다. 하지만 요즘은 보통 기계로 만들고 썰어서 파는 떡을 구입하여 끓입니다.

1 가래떡을 5cm 길이로 잘라, 길이로 사등분하여 끓는 물에 삶아 부드럽게 한 후 소금과 참기름으로 밑간한다.

2 파와 마늘을 다져서 양념을 만든다.

3 표고버섯은 물에 불려 채 썰고 양념한다.

4 소고기도 채 썰어 양념한다.

5 미나리는 잎은 떼어 내고 줄기만 5cm 길이로 자른다.

6 숙주는 머리와 꼬리를 따고 끓는 물에 데쳐서 물기를 뺀다.

7 양파와 당근은 채 썬다.

8 프라이팬에 식용유를 두르고 양파와 당근을 각각 볶는다.

9 달걀은 황백지단을 부쳐 5cm 길이로 채 썬다.(21쪽 참고)

10 프라이팬에 식용유를 두르고 소고기와 표고를 함께 볶다가 익으면 당근과 양파, 떡을 넣고 볶는다.

미나리와 숙주를 넣어 살짝 볶는다.

11 그릇에 담고 황백지단을 뿌려 낸다.

> 3장
> 특별식

삼계탕

Ginseng Chicken Soup

닭의 배 속에 인삼, 찹쌀, 대추, 마늘, 밤 등을 채워 넣고 푹 끓인 음식입니다. 특히 무더운 여름철에 더위를 이겨 내기 위해 많은 사람들이 한 번 이상 먹곤 하는 대중화된 보양 음식입니다.

재료 및 분량 1인분

- 닭 1마리 (삼계탕용 500g)
- 찹쌀 1/3컵
- 인삼 1뿌리
- 밤 2개
- 실파 1대
- 대추 2개
- 마늘 2쪽
- 물 5컵
- 소금 적당량
- 후춧가루 적당량

옛날에는 사위가 오면 마당에서 키우던 닭을 잡아 대접하는 문화가 있었습니다. 딸의 남편인 사위를 귀한 손님으로 대접하여 출가한 딸이 잘 살기를 바라는 마음을 담은 것입니다.

『동의보감』에서는 누런 토종 암탉이 오장을 보하고 골수를 채우며, 양기를 돕고 소장을 따뜻하게 한다고 전합니다. 또한 삼계탕에 들어가는 인삼은 기운을 나게 하고 비장과 폐에 도움을 주며 갈증을 멎게 하고 마음을 안정시켜 지혜롭게 한다고 합니다. 이러한 이유들로 누런 씨암탉을 잡아 귀한 사위 대접을 한 것으로 짐작됩니다.

> 남은 삼계탕으로 닭죽을 만들어 봐요!

삼계탕의 닭고기는 건져서 먼저 먹고, 남은 닭고기를 국물에 찢어 넣은 후 찹쌀이나 멥쌀을 더하고 끓여 소금으로 간을 맞추면 맛있는 닭죽이 완성됩니다.

닭죽

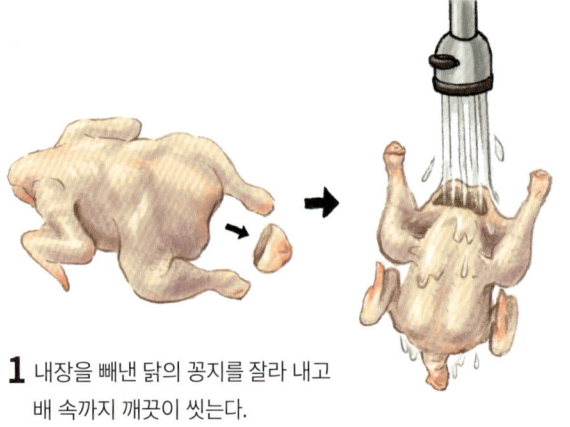

1 내장을 빼낸 닭의 꽁지를 잘라 내고 배 속까지 깨끗이 씻는다.

2 찹쌀은 깨끗이 씻어서 30분 이상 물에 불린 다음 망에 건져서 물기를 뺀다.

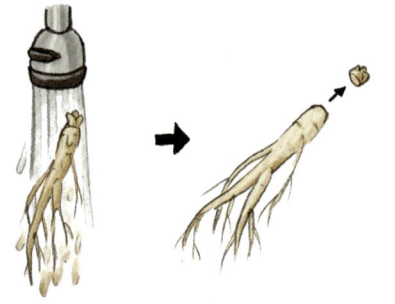

3 인삼은 껍질째 깨끗이 씻어 노두를 제거한다.

대추는 주름 속까지 깨끗이 씻는다.

4 밤은 겉껍질, 속껍질을 벗긴다.

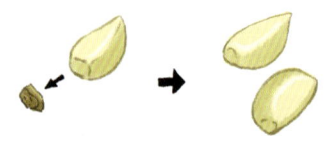

마늘은 끝부분을 잘라 낸다.

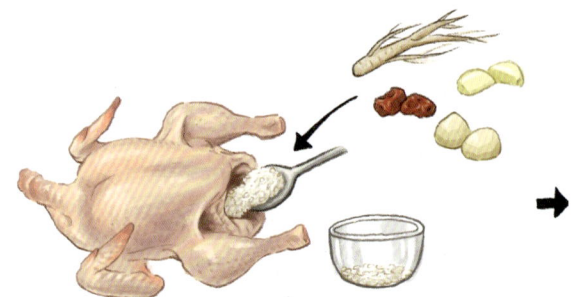

5 닭의 배 속에 찹쌀, 인삼, 대추, 밤, 마늘을 넣는다.

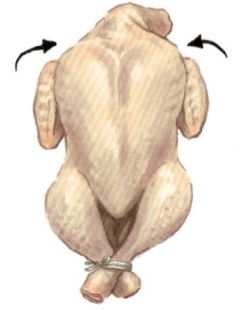

속 재료가 나오지 않도록 다리를 실로 묶고, 날개 끝부분을 등 쪽으로 넘긴다. (이 상태로 냄비에 넣는다.)

물 5컵

6 솥에 닭을 넣고 물을 붓는다.

넘치지 않도록 뚜껑을 비스듬히 덮고 중불로 20분 정도 끓인다.

끓이는 중간에 거품을 걷어 낸다.

약불로 줄여 뚜껑을 살짝만 열어 두고 20분 정도 끓인다.

7 실파를 송송 썰어 그릇에 담고 소금, 후춧가루와 함께 곁들여 낸다.

> 3장
> 특별식

보쌈

Napa Wraps with Pork

보쌈은 삶은 돼지고기를 양념한 무채와 함께 노란 배추속대 위에 얹어 싸 먹는 음식입니다. 돼지고기를 수육으로 만들어 새우젓에 찍어 먹는 것은 옛날부터 전해 내려온 방법이나, 절인 배추에 싸 먹는 보쌈은 1900년대 후반 음식점 메뉴로 등장하며 시작된 것입니다. 보쌈은 보통 음식점에서 판매되는 일품요리의 형태지만 밥반찬이나 술안주로도 좋습니다.

재료 및 분량 4인분

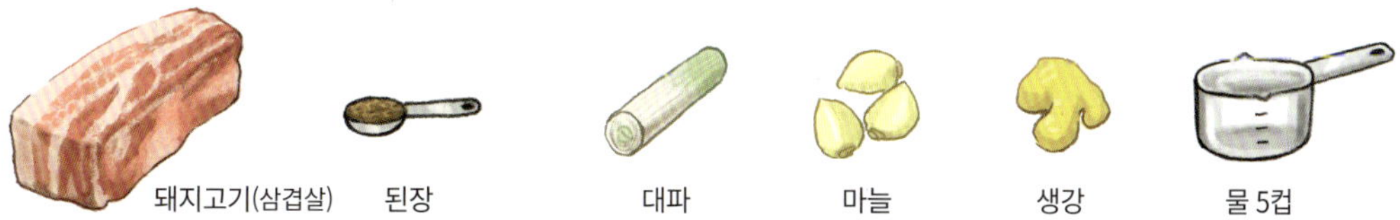

| 돼지고기(삼겹살) 1kg | 된장 1큰술 | 대파 10cm | 마늘 3쪽 | 생강 1쪽 | 물 5컵 |

배추절임

| 배추 300g | 소금 3큰술 | 물 3컵 |

무생채

| 무 300g | 소금 1큰술 | 배 1/4개 |

무생채 양념

| 고춧가루 2큰술 | 설탕 1 1/2큰술 | 소금 1작은술 | 다진 마늘 1큰술 | 다진 파 2큰술 | 다진 생강 2작은술 |

새우젓 양념

| 새우젓 3큰술 | 식초 1큰술 | 고춧가루 1/2작은술 |

수육과 편육

고기를 덩어리로 삶은 것이 수육이고, 이것을 얇게 썰면 편육이 됩니다.

쌈

'무언가를 싼다'는 뜻의 쌈은 '복을 싸 먹는다'는 의미이기도 합니다. 보통 채소의 넓은 잎으로 쌈을 싸 먹는데 한국인이 좋아하는 대표적인 쌈은 상추쌈입니다.

상추쌈을 먹을 때는 상추에 밥이나 고기를 올려 고추장, 된장, 쌈장 등과 함께 싸 먹으며, 그 외 깻잎, 배추 잎, 곰취, 다시마 등도 상추와 같이 생채로 싸 먹을 수 있습니다. 단, 두껍고 거친 재질의 호박잎은 살짝 쪄서 먹습니다.

1 배추는 노란 속대만 따로 떼 소금물에 넣고 가끔씩 뒤집어 주면서 30분 정도 절인다. 부드러워지면 물에 헹구고 체에 밭쳐 물기를 뺀다.

2 냄비에 대파, 마늘, 생강, 된장, 고기가 잠길 정도의 물을 넣고 끓으면 돼지고기를 덩어리째 넣는다.

핏물이 나오면 조금 더 삶는다.

중불로 30분 이상 삶은 후 젓가락으로 찔러 보고 핏물이 나오지 않으면 고기가 익었으므로 건져서 0.5cm 두께의 먹기 좋은 크기로 썬다.

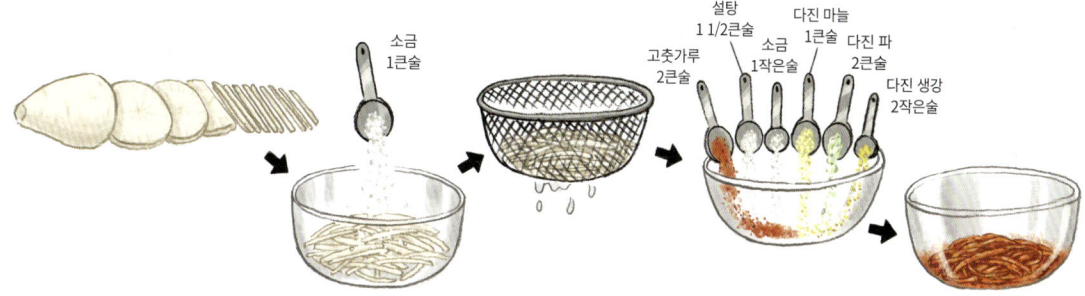

3 무는 채 썰어 소금에 살짝 절여 체에 받쳐 물기를 빼고, 무생채 양념으로 버무린다.

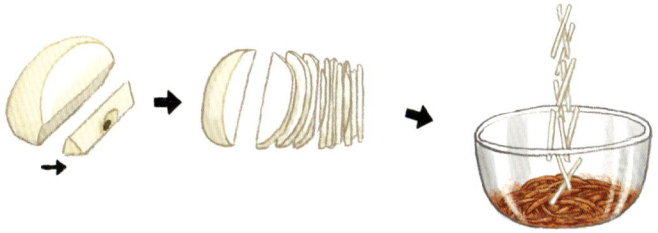

배는 껍질을 벗기고 채 썰어 양념한 무에 넣고 섞어 무생채를 완성한다.

4 새우젓은 건더기를 건져 다지고 고춧가루, 식초를 넣고 섞어 새우젓 양념을 만든다.

5 그릇에 배추 잎, 무생채, 돼지고기를 함께 담아 새우젓을 곁들여 낸다.

삼겹살구이

삼겹살은 수육뿐 아니라 구이로도 많이 먹습니다. 삼겹살을 노릇하게 구워 상추나 깻잎 위에 얹고 쌈장을 넣어 쌈을 싸 먹는데 이때 밥을 같이 넣기도 합니다. 김치, 양파, 버섯, 마늘 등을 구워 곁들여 먹는 것도 별미입니다.

후식 및 음료

후식이나 간식으로 간단히 만들어 먹을 수 있는 음식이며, 제철 과일을 곁들여 내기도 합니다. 주식, 부식과 함께 한 상에 차리기도 하지만 요즘은 보통 식사 후 따로 차려 냅니다.

백설기

화전

오미자화채

수정과

4장
후식 및 음료

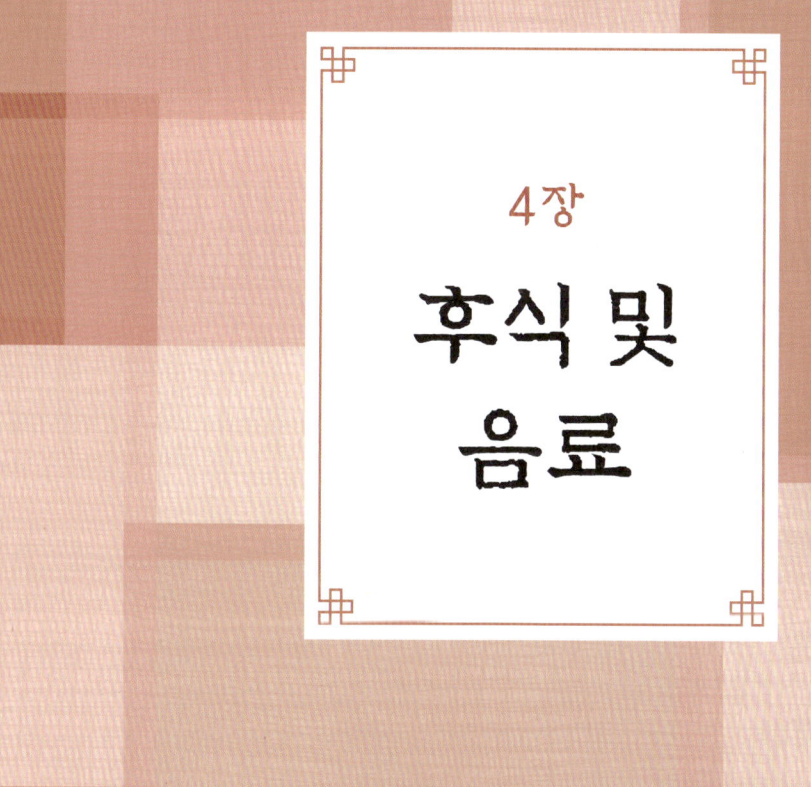

4장
후식 및 음료

백설기

Snow White Rice Cake

멥쌀가루에 설탕물을 섞어 체에 내린 후 시루에 익힌 떡으로 시루떡 종류 중 가장 기본이 되는 떡입니다. 백설기는 하얀 색깔 때문에 예로부터 신성한 의미를 담아 의례의 필수 음식으로 상에 올렸습니다. 지금도 아기의 백일이나 돌 등에 만들어 함께 나누어 먹곤 합니다.

재료 및 분량 지름 25cm 찜기 1개 분량

멥쌀
2 1/2컵

소금
1/2큰술

설탕물
3/4컵

꿀
1큰술

- 시루에 안칠 땐 가루에 압력을 가하거나 꾹 눌러 다지지 않도록 주의하세요. 보슬보슬하게 담겨야 맛있는 떡이 됩니다.
- 불린 검정콩, 건포도, 밤, 대추 등을 섞어 만들어도 맛있습니다.
- 얇게 찌면 백설기 샌드위치를 만들 수도 있답니다.

떡 문화

곡식 가루를 시루에 안쳐 찌거나 물에 삶거나 기름에 지져서 만든 음식을 통틀어 '떡'이라 하는데 문헌에 전해 내려오는 떡의 종류만 해도 200여 가지가 넘습니다.

    떡은 예로부터 돌잔치, 혼례, 환갑연, 제례와 같은 행사에서 빠지지 않는 중요한 음식이었으며, 왕실이나 반가, 서민 할 것 없이 대부분의 잔칫상에 반드시 올랐습니다. 지금도 귀한 음식 중 하나로 여겨집니다.

떡의 종류

멥쌀 2 1/2컵

1 멥쌀을 깨끗이 씻어 서너 시간 불린 다음 소쿠리에 건져서 물기를 빼고 소금을 넣어 곱게 빻아 체에 내린다.
(방앗간에서 빻아도 좋다.)

소금 1/2큰술

물 1컵   설탕 1/2컵

2 설탕 1/2컵과 물 1컵을 섞어 끓여 설탕물을 만들어 식혀 둔다.

꿀 1큰술   설탕물 3/4컵

3 쌀가루에 꿀을 넣고 설탕물은 양을 조절하면서 부어 잘 비빈 후 촉촉하게 되면 체에 내린다.(너무 질지 않도록 주의한다.)

4 찜기에 젖은 면포를 깐다.

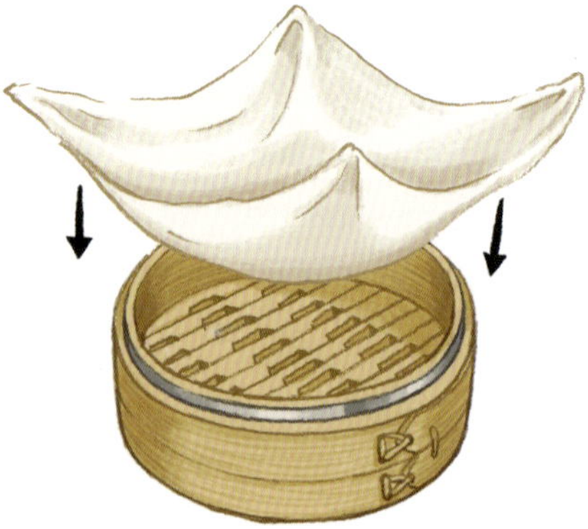

전통적으로 떡을 찔 때는 시루를 사용하였습니다. 시루는 바닥에 구멍이 여러 개 뚫려 있는 둥근 질그릇으로 구멍을 통해 올라오는 수증기를 이용해 재료를 익히는 조리 도구입니다. 하지만 시루가 워낙 무겁기 때문에 요즘은 가볍고 편리한 찜기를 주로 사용합니다.

시루

쌀가루를 넣고 윗면을 편편하게 하여 25분간 센 불로 찐 다음 약불로 5분간 뜸을 들인다.

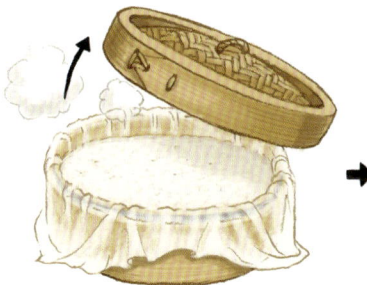 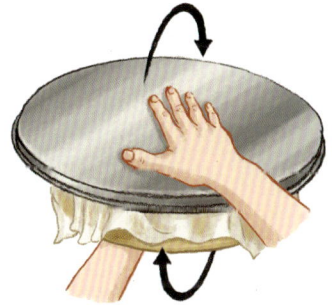

5 뜸이 잘 들었으면 찜기를 불에서 내리고 뚜껑을 열고 식힌 후에 떡을 꺼낸다.

쟁반을 찜기 위에 엎어 뒤집는다.

대나무 찜기가 없으면 찜솥을 사용하세요.

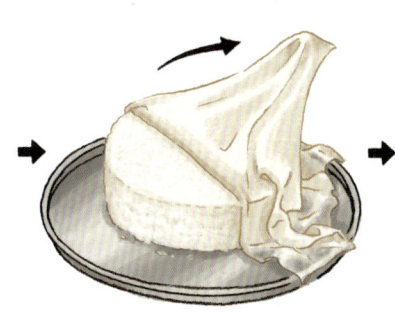 

찜기를 빼고 떡에서 면포를 떼어 낸다.

다시 쟁반을 엎어 뒤집는다.

적당한 크기로 잘라 접시에 담는다.

> 4장
> 후식 및 음료

화전

Pan-fried Flower Rice Cake

찹쌀가루에 끓는 물을 넣고 반죽하여 둥글납작하게 빚은 후 대추와 쑥갓을 올려 기름에 지진 떡입니다. 계절에 따라 여러 가지 꽃을 올리기 때문에 다양한 색과 아름다움을 느끼며 먹을 수 있습니다.

재료 및 분량 12개

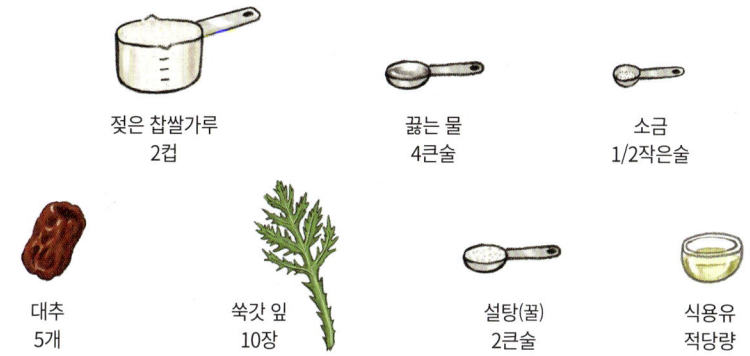

젖은 찹쌀가루 2컵, 끓는 물 4큰술, 소금 1/2작은술, 대추 5개, 쑥갓 잎 10장, 설탕(꿀) 2큰술, 식용유 적당량

마른 찹쌀가루일 경우 :
마른 찹쌀가루 2컵, 물 1/2컵, 끓는 물 5~6큰술, 소금 1/2 작은술

화전

화전은 찹쌀가루를 반죽하여 기름에 지진 후 그 위에 제철의 꽃잎을 올려 장식한 떡입니다. 봄에는 진달래, 산수유, 제비꽃을, 여름에는 장미, 맨드라미꽃을, 가을에는 국화꽃을 올리고, 꽃이 없을 때는 쑥잎, 쑥갓잎, 석이버섯, 대추 등을 올려 사시사철 변해 가는 계절을 즐겼습니다.

1 찹쌀가루에 소금을 넣고 끓는 물을 조금씩 넣어 반죽한 다음 말랑말랑하게 잘 치대어 젖은 면포로 덮어 둔다.

마른 찹쌀가루일 경우에는 먼저 물을 뿌려서 촉촉하게 하여 체에 내린 다음, 끓는 물로 반죽한다.

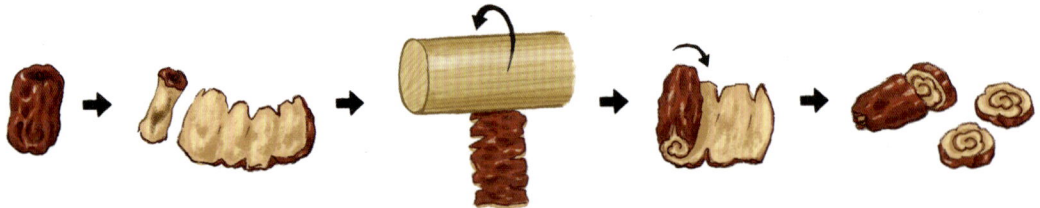

2 대추는 돌려 깎기 하여 씨를 제거하고 밀대로 납작하게 민 다음 꾹꾹 눌러가며 만다. 썰면 꽃모양이 된다.

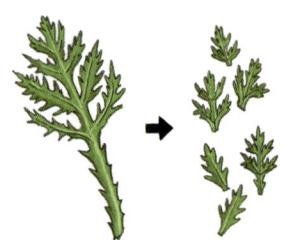

쑥갓 잎은 작게 떼어 놓는다.

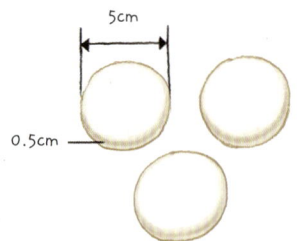

3 반죽을 지름 5cm, 두께 0.5cm 크기로 둥글납작하게 빚는다.

4 프라이팬에 식용유를 두르고 타지 않게 지진다.

한쪽이 맑게 익으면 뒤집어서 대추와 쑥갓을 예쁘게 붙인다.

다시 한 번 뒤집어 살짝 익힌다.

5 쟁반에 설탕을 미리 뿌려 둔다.

다 익은 뜨거운 떡을 쟁반 위에 올리고 설탕을 뿌린다.

접시에 담아낸다.(계핏가루나 잣가루를 뿌려 먹어도 좋다.)

화전놀이 문화

봄(음력 3월 3일)이 되면 마을 사람들이 함께 모여 들이나 경치 좋은 야산에서 진달래꽃으로 전 또는 떡을 만들어 먹으며 화창한 새봄을 즐겼는데 그것을 화전놀이라고 합니다.

4장
후식 및 음료

오미자화채

Omija Punch

오미자를 우린 물에 배를 띄운 음료입니다. 위에 띄우는 재료에 따라 화채의 이름이 달라지는데, 예를 들어 배를 띄우면 '배화채', 진달래꽃을 띄우면 '진달래화채'라고 합니다.

재료 및 분량 4인분

- 건오미자 1/2컵
- 물 5컵
- 설탕 1컵
- 물 1 1/2컵
- 꿀 1/4컵
- 배 1/4개
- 잣 1작은술
- 설탕 적당량

- 배가 없다면 계절에 따라 진달래, 앵두, 복숭아, 여름 밀감 등을 띄워 다양한 화채를 음료로 즐길 수 있습니다.
- 화채의 단맛을 올려 주는 설탕과 꿀은 식성에 따라 조절하여 첨가하세요.
- 오미잣물을 우릴 때 금속 그릇을 사용하면 색깔이 변하므로 유리, 플라스틱, 법랑 등의 그릇을 사용하세요.

오미자(五味子)란?

『동의보감』에 따르면 "껍질과 살은 달고 시며 씨는 맵고 쓴데 모두 짠맛이 있다. 이렇게 다섯 가지 맛이 모두 나기 때문에 오미자(五味子)라고 한다. 신맛은 간장을, 매운맛은 폐를, 쓴맛은 심장을, 짠맛은 신장을, 단맛은 비장을 다스린다"고 전해집니다.

　오미자는 가을에 따서 말린 후 보관하며 1년 내내 두고두고 사용하는데, 말리면 자줏빛이 나고 살이 말라붙어 끈적끈적해집니다. 건오미자를 오래 보관할 경우에는 냉동실에 보관해야 품질 변화를 막을 수 있습니다.

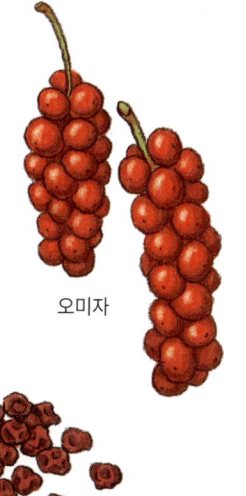

오미자

건오미자

1 오미자를 살짝 씻어 건진다.

2 물 5컵을 팔팔 끓여서 불을 끄고 40도 정도로 식힌 다음 오미자를 넣어 약 12시간(찬물은 24시간) 천천히 우린다. 색깔이 우러나면 면포로 우린 오미잣물을 거른다.

3 냄비에 물1 1/2컵과 설탕 1컵을 넣어 끓인 다음, 불을 끄고 꿀 1/4컵을 섞어 차게 식힌 다음 오미잣물에 섞는다.

4 배는 곱게 채 썰거나, 얇게 썰어 꽃모양으로 찍어 내고 설탕을 살짝 뿌려 둔다.

5 그릇에 오미잣물을 담고 배와 잣을 띄워 낸다.

화채란?
설탕을 넣은 오미잣물 또는 꿀물에 과일, 꽃잎 등을 넣고 잣을 띄운 음료로 주로 차갑게 마십니다.

오미잣물로 만든 화채

진달래화채
진달래꽃에 녹말가루를 묻혀 데친 후 찬물에 식혀 오미잣물에 띄워 마시는 전통 음료

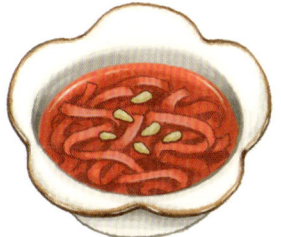

창면
녹두 녹말로 만든 얇은 판을 가늘게 채 썰어 꿀을 섞은 오미잣물에 넣어 만든 전통 음료

보리수단
푹 삶은 통보리에 녹말을 입혀 끓는 물에 데친 것을 오미잣물(혹은 꿀물)에 넣어 만든 전통 음료

꿀물로 만든 화채

원소병
찹쌀가루를 반죽하고 오색 물을 들여 작고 둥글게 빚은 후 끓는 물에 익혀 꿀물에 넣어 마시는 음료

유자화채
유자 속은 씨를 빼고 작게 잘라 꿀이나 설탕을 뿌려 화채 그릇에 담고, 분리한 노란색의 속껍질과 겉껍질, 배는 채를 썰어 돌려 담은 후 꿀물이나 설탕물을 붓고 그 위에 석류와 잣을 띄워 즐기는 음료

앵두화채
씨를 뺀 앵두를 꿀에 재었다가 꿀물에 넣고 잣을 띄워 먹는 음료

> 4장
> 후식 및 음료

수정과

Cinnamon Punch

수정과(水正果)란 '물에 담근 과자'라는 뜻으로 생강과 계피 삶은 물에 설탕을 넣고 끓여 식힌 다음 곶감에 부어 만드는데 식혜와 더불어 겨울철에 차갑게 즐기던 전통 음료입니다. 특히 계피와 생강의 매운맛과 곶감의 단맛이 잘 어우러져 특유의 향미를 지닌 것이 매력입니다.

재료 및 분량 4인분

곶감 4개　　생강 30g　　통계피 20g　　황설탕 1컵　　물 6컵　　잣 1작은술

수정과는 보통 차게 마시지만 뜨겁게 마셔도 좋아요.

한국의 전통 음료

우리 조상들은 약재, 식용 열매, 꽃잎, 찻잎, 과일 등의 다양한 재료를 이용하여 음료를 만들어 마셨는데, 통째로 끓여 마시거나, 꿀에 재었다가 물을 타서 마시거나, 말려서 우려 마시는 등의 다양한 방법이 활용되었습니다. 우리 전통 음료에는 수정과 외에도 유자차, 대추차, 식혜, 송화밀수, 미수 등이 있습니다.

유자차

대추차

식혜
쌀밥을 엿기름물에 당화시킨 음료

송화밀수
꿀물이나 설탕물에 송홧가루를 띄운 음료

미수
쌀이나 곡물을 쪄서 말린 후 볶아서 빻은 미숫가루를 꿀물에 타서 마시는 음료

1 생강은 껍질을 벗겨 씻어 얇게 썰고 통계피는 잘게 조각낸다.

2 저민 생강, 통계피를 물에 넣고 끓으면 약불로 하여 30분 정도 뭉근히 끓여 체에 면포를 깔고 거른다.

3 거른 물에 황설탕을 넣고 다시 한 번 더 끓여서 식힌다.(설탕 양은 기호에 맞게 조절한다.)

4 곶감은 꼭지와 씨를 빼고 손질하여 3의 국물을 끼얹어 부드럽게 해둔다.
(곶감의 무른 정도에 따라 담가 두는 시간을 정한다.)

5 화채 그릇에 곶감과 국물을 담고 잣을 띄워 낸다.
(곶감이 없으면 국물만 담고 잣을 띄워 낸다.)

다과상

다과상은 차와 화채, 과자 등을 차려 내는 간단한 상차림으로 손님이 왔을 때 대접하거나 식사 후 후식으로 냅니다. 여러 모양의 상에 차리는데 따뜻한 정과 분위기를 느낄 수 있는 한국 특유의 상차림입니다. 계절에 따라 상차림의 구성이 달라지며, 간단하게 음료 한 가지와 한과나 떡 한 가지만 내기도 합니다.

봄
- 매작과
- 진달래화채
- 화전

여름
- 증편
- 정과
- 수박화채

가을
- 대추초
- 율란
- 백설기
- 배숙

겨울
- 강정
- 약과
- 식혜

찾아보기

ㄱ

가래떡 • 77, 169, 183
가자미 • 13
가지 • 13
간수 • 89
갈비찜 • 90
갈치 • 13
감 • 13
갓 • 135
강낭콩 • 31
강정 • 197
검은콩 • 31
겨자 • 17
겨자즙 • 53, 162
견과류 • 13, 33
경단 • 183
고구마줄기나물 • 147
고등어 • 13, 99
고등어구이 • 99
고등어조림 • 98
고명 • 18
고사리 • 22, 36, 63
고사리나물 • 36~37, 147
고추장 • 10, 16
고춧가루 • 16, 17
곰취 • 177
곶감 • 13, 195
구절판 • 158, 159
국 • 58
국수장국 • 46
국화전 • 187
궁중떡볶이 • 168
규아상 • 55
근대 • 69
김 • 13, 39
김구이 • 11, 33, 39, 41
김밥 • 38
김장 • 135
김치 발효 • 141
김치고등어조림 • 99
김치볶음밥 • 103
김치와 고추 • 145
김치적 • 105
김치전 • 102
김치제육볶음 • 125
김치찌개 • 11, 74

깍두기 • 138
깍둑썰기 • 21
깨소금 만들기 • 22
깻잎 • 13, 177, 179
꼬마김밥 • 39
꼬막 • 13
꽃게 • 13
꽈리고추멸치볶음 • 11
꿀 • 17
꿀물 • 193

ㄴ

나물 • 146, 147
나박김치 • 11, 142
낙지 • 13
너비아니 • 10, 82
녹두 • 13, 111
누룽지 • 29, 97
느타리버섯 • 13, 111
늙은 호박 • 43

ㄷ

다과상 • 197
다시마 • 13, 18, 177
다시마튀각 • 18, 37
단무지 • 39
단호박 • 43
닭고기 • 13
닭죽 • 173
당근 • 13
당면 • 165
대추꽃 • 18, 188
대추차 • 195
대추초 • 197
대파 • 115
도라지 • 13, 22, 35
돌나물김치 • 143
돌솥비빔밥 • 35
동의보감 • 12, 43, 65, 173, 191
동치미 • 141, 143
동태찌개 • 75
돼지갈비찜 • 91
된장 • 10, 15, 16, 68

된장찌개 • 71
두릅전 • 10
두부 • 79, 81
두부 만들기 • 89
두부구이 • 86
두부전골 • 153
두부젓국찌개 • 11
두부조림 • 87
둥글 썰기 • 21
등심 • 83
딸기 • 13
떡 문화 • 183
떡국 • 169
떡볶이 • 118
떡볶이 떡 • 119, 169
떡산적 • 107
떡의 종류 • 183
뚝배기 • 129
뚝배기불고기 • 126

ㄹ

라면 사리 • 77

ㅁ

마구 썰기 • 21
마늘 • 13, 17
마늘 다지기 • 19
마른국수 • 47
마른 찹쌀가루 • 188
막걸리 • 113
만둣국 • 54
매운닭찜 • 94
매작과 • 197
메밀국수 • 51
메주 • 14, 15
멥쌀 • 29, 31
멸치 • 47, 69, 119
멸치액젓 • 17
명태 • 13
모둠전 • 106
목살 • 75
무 • 13, 61, 139
무비늘김치 • 139

무생채 • 11, 147, 149, 179
묵은 나물 • 33
물김치 • 143
물냉면 • 50
물엿 • 17
미나리 • 13
미나리초대 • 18, 93, 155
미수 • 195
미역 • 65
미역국 • 11, 31, 64, 65
미역냉국 • 67

ㅂ

반상차림 • 11
반찬 • 72
밤 • 13
밥 • 26
배 • 13, 192
배숙 • 197
배즙 • 20, 84
배추 • 13, 135
배추김치 • 10, 11, 134
배추된장국 • 11
백김치 • 141
백설기 • 182, 197
버섯전골 • 153
보리 • 13, 15, 31, 193
보리수단 • 193
보쌈 • 176
보쌈김치 • 141
복숭아 • 13
복쌈 • 33
볶음밥 • 97
부꾸미 • 183
부대찌개 • 77
부럼 • 33
부식 • 58, 72
부추생채 • 147
북어구이 • 11
불고기 • 85, 127, 129
불고기판 • 129
비빔국수 • 49
비빔냉면 • 51
비빔밥 • 34
빈대떡 • 110

빈자떡 • 111

ㅅ

사과 • 13
사리 • 53
삼겹살 • 13, 123
삼겹살구이 • 179
삼계탕 • 10, 172
삼색나물 • 11, 146
상추 • 13, 177, 179
새우 • 13
새우젓 • 10, 17, 131
생강 • 17
생강 다지기 • 19
생강즙 • 20
생선전 • 107, 109
생선조림 • 11
생일상 • 31, 65
생채 • 147
생채소비빔밥 • 35
석쇠 • 83, 129
석이 • 153
석이지단 • 18, 155
석이채 • 18
설탕 • 17
소고기김밥 • 39
소고기뭇국 • 11, 60
소금 • 17
송편 • 10, 183
송화밀수 • 195
수박 • 13
수박화채 • 197
수정과 • 194
숙주나물 • 111, 146, 149
순대 • 121
순두부찌개 • 78
숭늉 • 29
숯불 • 83
시금치나물 • 147, 148
시금치된장국 • 68
시루 • 184
식용유 • 17
식초 • 17
식혜 • 195, 197
신선로 • 152

실파 • 115
쌀 • 13, 27
쌈 • 177
쌈장 • 16, 177
쑥갠떡 • 183

ㅇ

아욱 • 69
안심 • 83
앞다리살 • 75
애탕국 • 10
애호박전 • 107, 108
앵두 • 13
앵두화채 • 103
약과 • 197
약식동원 • 12
양념 • 14~17
양배추 • 123
양조간장 • 15
양지머리 • 13, 55, 61
어묵 • 39~41, 119~121
어슷썰기 • 21
얼갈이배추 • 69
연두부 • 81
연시 • 13
열무물김치 • 10, 143
오곡밥 • 30, 33
오미자 • 191
오미자화채 • 190
오미잣물 • 191, 193
오방색 • 163
오삼불고기 • 125
오이감정 • 75, 133
오이김치 • 11, 130
오이나물 • 133
오이생채 • 133
오이선 • 133
오이소박이 • 131
오이송송이(오이깍두기) • 131
오이숙장아찌 • 11
오이장아찌 • 10
오징어 • 13, 115
우엉 • 39, 40~41
원소병 • 193
유부 • 81

유자차 • 195
유자화채 • 193
육개장 • 63
육원전 • 107, 109
육회비빔밥 • 35
율란 • 197
은행 • 13, 18, 153, 156
음양오행설 • 12
인디카종 • 27
인삼 • 73, 174
인절미 • 183

ㅈ

자포니카종 • 27
잡곡밥 • 11
잡채 • 11, 164
잣 • 13, 43
잣가루 • 22, 85, 161
잣죽 • 42, 45
장김치 • 143
장미화전 • 187
재료 계량법 • 23
전골 • 153
전과 적 • 107
전기밥솥 • 28
절편 • 183
젓갈 • 10
정과 • 197
정월대보름 • 33
젖산균 • 141, 145
제비꽃전 • 187
제육덮밥 • 125
제육볶음 • 122
조기 • 13
조기찌개 • 11
주식 • 24
주악 • 183
주키니 • 47
죽순맑은탕 • 61
즉석떡볶이 • 119
증편 • 197
지단 • 18, 21
지짐누름적 • 107
진달래화전 • 187, 197
진달래화채 • 193, 197

집간장 • 10, 14, 15
쪽파 • 115
찌개 • 75
찐만두 • 55
찜기 • 184, 185
찜닭 • 95
찜솥 • 185

ㅊ

차돌박이된장찌개 • 75
차조 • 13, 31
찰기장 • 31
찰밥 • 31, 65
찰수수 • 13, 31
참깨 • 17, 18
참나물 • 147
참치김밥 • 39
창면 • 193
채끝살 • 83
채썰기 • 21
천엽 • 153, 156
청국장찌개 • 10
청포묵 • 20, 36
초간장 • 109, 113, 117
총각김치 • 139
총각무 • 139
충무김밥 • 39
치즈김밥 • 39

ㅋ

콩나물 • 13, 147
콩나물무침 • 147, 149

ㅌ

토란대 • 22, 63
토란대나물 • 147
토란탕 • 10, 61
튀김 • 121
특별식 • 150

ㅍ

파 • 13, 17, 18, 19
파 다지기 • 19
파강회 • 115
파김치 • 141
파래 • 13
팥 • 13, 31
팥시루떡 • 183
편수 • 55
평양냉면 • 50
포도 • 13
포장마차 • 121
표고버섯 • 13

ㅎ

함흥냉면 • 51
항아리 • 15, 141
해물파전 • 114
현미밥 • 27
호두 • 13, 18, 156
호박잎 • 177
호박죽 • 42, 44
홍합 • 13
화양적 • 107
화전 • 183, 186, 187, 197
화전놀이 • 189
화채 • 193
회비빔밥 • 35
후추 • 17
흰밥 • 13, 27, 31
흰콩 • 13, 31